한중 문화 교류

성균중국연구소 한국-아시아 문명교류사 12

한중 문화 교류: 현황과 함의 그리고 과제

1판1쇄 | 2015년 1월 20일

지은이 | 김도희, 왕샤오링

펴낸이 | 박상훈
주간 | 정민용
편집장 | 안중철
편집 | 윤상훈, 이진실, 최미정, 장윤미(영업)

펴낸 곳 | 폴리테이아
등록 | 2002년 2월 19일 제300-2004-63호
주소 | 서울 마포구 독막로 23(합정동) 1층
전화 | 편집_02.739.9929 영업_02.722.9960 팩스_0505.333.9960

인쇄 | 천일_031.955.8083 제본 | 일진_031.908.1407

값 13,000원

ⓒ 김도희, 왕샤오링, 2015
ISBN 978-89-92792-36-3 94300
　　　978-89-92792-35-6 세트

* 이 도서는 2010년도 정부재원(교육과학기술부 학술연구지원사업비)으로 한국학중앙연구원의 지원에 의하여 연구되었습니다.
(AKS-2010-ACB-2101)

성균중국연구소 한국-아시아 문명교류사

12

한중 문화 교류

현황과 함의 그리고 과제

김도희 · 왕샤오링 지음

폴리테이아

| 차례 |

| 일러두기 |

이 책은 한·중 양국의 연구자가 공동으로 집필한 것이다. 서로의 인식과 시각에 차이가 있었지만 가능한 한 중립적 입장에서 객관적으로 한·중 문화 교류를 서술하고자 노력했다.

| 제1장 |

서론

한국과 중국은 지리적으로 가깝고 역사적으로 깊은 관련을 맺어 왔다. 잠시 단절된 기간이 있었지만 1992년 한·중 수교 이후 두 나라는 다시 관계 맺기를 시작해 지금은 서로에게 없어서는 안 될 중요한 존재가 되었다. 한·중은 수교 이후 정치·경제·외교·군사 등 여러 가지 영역에서 밀접한 사이가 되었으며 한·중의 교역 규모는 2천억 달러를 넘어서서 이미 두 나라는 중요한 경제 파트너라 할 수 있다.[1] 정치·외교적 측면에서도 두 나라는 전략적 협력 동반자 관계를 통해 정부 차원의

1_한국의 대중국 수출 비중이 전체 수출 대비 24.2%를 차지하고 있으며, 무역수지 또한 1992년 11억 달러가 적자이던 상황에서 벗어나 2011년 말에는 478억 달러의 흑자를 보였다.

상시적인 교류와 고위급 회담 등을 진행함으로써 깊은 영향을 미치고 있다. 동북아의 평화를 위한 협상이나 한반도 문제 해결에 있어서도 한·중 양국은 긴밀하게 협력하고 있다. 두 나라 사이에 갈등이나 문제가 없는 것은 아니지만 주변의 다른 나라에 비해 순조로운 관계를 유지하고 있으며 다양한 측면에서 교류가 활발하게 진행되고 있다.

수교 이후 한·중 양국이 다방면에서 가까워짐에 따라 문화적 측면의 교류가 활발해졌다. 또한 정치·경제적 관계가 문화적 교류를 좀 더 활발하게 했으며, 역으로 빈번한 문화적 교류를 통해 정치·경제 관계가 더 밀접해지기도 했다. 문화란 상호 이해를 심화시키는 제반 활동을 의미한다. 문화는 서로 융합되고 충돌하기도 하지만 교류 과정에서 끊임없이 상대방의 것을 전하고 배우고 취사선택한다. 문화 교류를 통해 당사자들은 서로의 차이를 인정하고 상대가 만들어 낸 물질적·정신적 자산의 가치를 포용하고 이해할 수 있다. 특히 교류가 상호 인식의 공유를 기반으로 한다는 점에서, 문화 교류는 한국과 중국 관계에 있어 40여 년 간의 단절을 가장 효과적으로 메워 줄 수 있는 디딤돌이라고 할 수 있다. 한·중 문화 교류를 통해 양국의 인적 교류가 이루어지고 정보와 문화 예술이 전달되며 두 나라 국민의 가치관과 사유 방식이 공유된다. 오랜 기간 한국과 중국은 이민, 사절단, 상인, 종교적 접촉 등을 통해 상호 문화 교류를 해왔다. 현재 한·중 문화 교류는 전통적인 경로였던 무역·이주를 포함해 여행·유학·영화·드라마·음악·미술 등 새로운 경로를 통해 진행되고 있다. 특히 대중매체와 인터넷 등 다양한 수단이 출현하면서 양국의 문화 교류가 더욱 효과적으로 이루어지고 있다. 실제로 두 나라의 정상적인 관계를 진작시키는 것은 서로에 대한 믿음과 신뢰이며, 문화 교류는 이를 가능케 하는 가장 중요한 통로일 것이다.

한·중 문화 교류는 수교 이후 활발하게 진행되었다고 보는 것이 일반적인 견해이다. 그렇다면 한·중 문화 교류는 어떤 배경에서 활성화되었을까. 첫째, 앞에서도 말했듯이 문화적 교류가 진행되는 데에는 정치·외교·경제적 배경이 필요하다. 경제적인 접촉이 많아지고 대외적으로 긴밀한 관계가 유지되면 자연히 문화적 교류가 활발해지게 된다. 특히 한국의 경험은 중국의 경제발전, 근대화의 본보기로서 의미가 있었고 한중 양국은 문화 교류를 통해 이를 확인하고자 했다(장수현 외 2004). 또한 한국 기업의 중국 진출, 양국 무역량의 증가, 북한 문제를 해결하기 위한 6자 회담, 동아시아 협력 등을 위해서도 한·중 문화 교류가 필요했다. 둘째, 한·중 양국은 여러 면에서 공통점과 문화적 친숙성을 지니고 있다. 한국인과 중국인의 감정 표현, 가치 관념과 사유 방식 등은 상당한 동질성을 갖고 있다. 두 나라는 유사한 문화적 축적을 해왔으며 유교 문화권, 한자 문화권과 불교의 영향, 생활 방식과 가치관의 근접성이 모두 이에 속한다. 서로의 문화를 큰 거부감 없이 받아들일 수 있는 이유가 여기에 있으며, 유사한 문화의 또 다른 모습을 접하면서 상대국 문화에 호기심을 가지게 되었다.[2]

셋째, 1990년대 중반 이후 중국 문화에서 가장 중요한 흐름은 문화 보수주의적인 물결과 전통의 복고였다. 이러한 상황에서 유교 가치의 정수가 융합된 한국의 문화는 중국인들에게 폭발적인 인기를 얻게 되었다(朴光海 2007; 이욱연 2004). 한국 드라마를 보면서 중국인들은 오늘

2_이를 '문화적 근접성'(cultural proximity)이라 부른다(하종원·양은경 2002, 72).

의 한국이 고대 중국의 살아 있는 화석이라고 여기게 되었고, 한국 문화를 접하면서 역사적으로 한국이 문자·제도·예의범절 등 모든 면에서 중국의 영향을 강하게 받았다고 생각한다. 현재는 한국의 문화가 중국 대륙을 휩쓰는 것처럼 보이지만 조공 질서를 기반으로 강대했던 중화 제국의 과거를 생각하며 그들은 한국에서 불어오는 문화 현상을 중국의 모습이 투영된 것이라고 여긴다. 넷째, 미국과 일본에 비해 한국의 생활수준이 중국이 따라잡을 수 있는 범위에 있다는 점이다. 한국의 문화를 보면서, 중국인들은 가까운 미래에 자신들이 도달할 경제적 수준을 가진 이웃나라의 생활 방식과 문화적 향유를 확인할 수 있으며, 이 과정에서 문화 교류가 활성화한다고 볼 수 있다(羅媛媛·陳久國 2006).

다섯째, 한국과 수교하기 전 중국은 일본 문화의 영향을 강하게 받았다. 그러나 1990년대 들어 한국의 문화적 영향으로 인해 일본의 영향은 상대적으로 줄어들었다. 물론 한·중 양국이 일본 식민지 침략의 역사와 기억을 공유하고 있다는 점이 중국인들로 하여금 일본 문화에서 한국 문화로 선호를 바꾸게 한 측면이 있다. 다시 말해 중국인들로서는 일본 문화에 비해 한국 문화에 대한 반감이 적었다고 할 수 있다. 여섯째, 한국의 대중문화는 유교 문화와 미국의 상업적 대중문화가 절묘하게 결합된 것이다. 이는 문화의 전 지구화 과정에서 출현한 세계화와 본토화의 충돌과 조화이며 전통 윤리와 현대성의 충돌, 동·서 가치관의 충돌을 잘 조합한 사례로서 중국인들을 매혹시켰다. 서구의 장점을 흡수하면서도 민족적 특성을 효과적으로 표현하고 있는 한국의 대중문화는 중국이 글로벌 시대에 문화 대국으로 성장하기 위해 닮고 싶은 모습이기도 하다. 더불어 한국 대중문화의 발전은 중국에 거울 역할을 했으며, 역사적으로 우세했다고 생각한 중국보다 한국의 대중 문화가 시대를 앞서게 된 이유에 대해 의문을 갖게 했다.

끝으로, 중국이 시장경제 체제로 전환되면서 새로운 대중문화에 대한 수요가 급증했다는 점이다. 그 결과 외국의 대중문화 상품을 폭넓게 수용할 수 있는 환경과 공간이 형성되었다.[3] 1980년대 초부터 중국 정부는 선별적으로 오락 문화의 특성을 지닌 홍콩·타이완·일본·미국 등의 외래 대중문화를 받아들이기 시작했다. 중국의 대중매체들은 대중이 원하는 문화 상품이 필요했고 1990년대 중반 이후에는 한국의 대중문화가 다른 지역의 문화 공세가 주춤한 틈새를 타고 중국에 흘러 들어갔다. 한국의 트렌디 드라마나 가족 드라마는 오늘날 중국 사회에서 강하게 분출되고 있는 자본주의적 소비 욕구와 거기서 발생하는 갈등들을 화려하고 세련된 서구의 형식을 빌려 중국인들에게 매우 친근한 방식으로 잘 표현해 낸 것이다. 그 결과 한국의 대중문화는 중국 대중이 가장 선호하는 문화 상품이 되었다.

본 저서는 한·중 관계의 다양한 측면 중에서 문화 교류의 현재를 짚어 보고 한·중 문화 교류의 현황과 문제점, 이것이 한국과 중국 사회에 갖는 함의에 대해 살펴보고자 한다. 이를 위해 한·중 문화 교류의 여러 영역에 대해 검토해 보고 이제까지 진행된 한·중 문화 교류에 대한 긍정적·부정적 평가를 진행할 것이다. 이런 과정은 문화 교류의 당

3_중국 젊은이들의 경우, 중국 특색의 유행 문화가 아직 형성되지 않은 상황에서 혹은 청소년이 필요로 하는 것과 크게 차이가 나는 상황에서 자신들이 좋아하는 대체물을 찾고자 했으며, 이것이 한국 문화에 대한 애착으로 표현되었다고 말할 수 있다(袁小琨 2007).

면한 과제가 무엇이며 이를 어떻게 풀어 나갈 수 있을 것인지, 더불어 한·중 문화 교류의 의미를 좀 더 폭넓게 고찰해 보는 데 도움이 될 것이다. 또한 이를 통해 한·중 교류의 비전을 제시하는 동시에 교류의 차원을 동아시아와의 관련 속에서 풀어 보고자 한다.

본 저서는 6개의 장으로 구성된다. 1장 서론에서는 연구의 배경과 문화 교류의 활성화 배경에 대해 살펴본다. 2장에서는 문화 교류의 제도적 장치를 검토하고, 한·중 인적 교류, 학술 교류, 문화 예술 교류의 현황과 추세를 다룬다. 한국과 중국은 수교 이후 문화 영역에서 다양한 교류를 진행해 왔다. 인적 교류는 주로 교육, 유학, 일상적인 방문, 관광 여행, 장기 거주 등을 주제로 현재까지의 교류 현황을 살펴보고자 한다. 학술 교류는 정부와 민간 차원의 학술 행사와 세미나, 공동 작업 등을 살펴보고, 문화 예술 교류는 공연과 전시 행사, 영화와 드라마, 서적 출판과 게임까지 다양한 분야에 걸친 교류의 현황과 추세를 검토한다.

3장에서는 각 분야별로 한·중 문화 교류가 어떤 유의미한 결과를 가져왔는지, 그럼에도 불구하고 한계와 문제는 무엇인지 살펴볼 것이다. 4장에서는 한·중 문화 교류를 통해 한·중 국민의 상호 인식이 어떻게 변화되었는지를 인터뷰와 설문 조사를 근거로 추적한다. 5장에서는 한·중 문화 교류의 쟁점 중에서 조선족 문제, 역사 분쟁 문제를 선택해 한국과 중국의 저자가 토론 형식으로 이야기를 진행해 보고자 한다. 문화 교류의 쟁점에 대해 한국과 중국의 시각이 많이 다르므로, 한국과 중국 측 입장을 대변해 현재 한·중 문화 교류의 가장 논쟁적인 주제의 실제적 내용과 쟁점을 분석해 보기 위해 토론의 형식을 빌었다. 6장에서는 한·중 문화 교류의 과제와 전망을 짚어 보고 이를 동아시아와의 관련 속에서 논의하고자 한다.

　사람들은 문화 교류에 있어, 강하고 우세한 문화가 상대적으로 약하고 열악한 문화로 이동하고 영향을 준다고 생각한다. 그러나 문화의 교류와 영향은 일방적이지 않으며 쌍방향적이고 상호작용한다. 문화의 교류에서 한쪽은 주로 수입을, 한쪽은 주로 수출을 하는 것뿐이며 이는 언제든지 역전될 수 있다. 근대 이전에는 한국이 중국 문화를 흡수하는 쪽이었고 이를 통해 한국의 문화를 풍부하게 하고 발전시켰다. 한·중 수교 이전 중국은 개혁 개방 과정에서 홍콩·타이완·일본의 대중문화를 흡수했다. 자신의 문화와 이질적인 아시아의 대중문화를 받아들이고 다양한 문화에 대한 대응력과 면역력을 키웠다. 이런 경험은 한국 문화가 유입되었을 때 중국이 이를 순조롭게 받아들이는 기초가 되었다.

　한·중 문화 교류는 상대방에 대한 오해를 풀고 서로를 이해하는 긍정적인 성과도 있었지만, 여전히 자국 중심의 교류로 말미암아 부분적인 이해에 그치는 한계도 있다. 그 결과 어떤 계기가 생겼을 때 충돌의 가능성도 있다. 한·중 양국의 평화적이고 바람직한 관계만이 아니라 아시아의 운명을 위해 한·중 문화 교류는 상대방을 이해한다는 겸허한 태도로 서로에게 발전의 기회와 긍정적인 영향을 가져다주는 교류가 되어야 한다. 한·중 문화 교류는 한·중 관계를 결정짓는 시금석 역할을 하고 있다는 점에서 중요하며, 한·중 문화 교류에 대한 진지한 연구와 논의가 필요한 이유도 여기에 있다.

제2장

한·중 문화 교류의 현황과 추세

1. 한·중 문화 교류의 제도적 장치

한·중 문화 교류의 현황을 살펴보려면 우선 한·중 문화 교류를 가능하게 하는 제도적 장치에 대해 알아야 한다. 한·중 문화 교류를 주관하는 정부 기관으로는 사단법인 한중문화교류협회, 한중문화연구원 등이 있고, 민간단체가 공동으로 참여하는 아시아문화교류협회가 있다. 한중문화교류협회는 문화체육관광부 산하에 있으며 2000년 5월 설립되었는데, 한·중 문화 교류를 통한 상호 간 문화적 이해와 우호 증진을 목표로 하고 있다. 한·중 전통문화 예술, 청소년 문화와 기업 문화의 상호 교류, 한·중 학술 세미나 개최, 체육 교류 증진 및 연구 성과 교환, 한·중 간 자국어 보급 등의 활동을 하고 있다.[4]

문화 교류의 활성화를 위해서는 각국이 관련 법적 근거와 제도를 마련하는 것이 중요하다. 1994년 3월 한국 대통령이 중국을 방문했을 때 양국 정부가 체결한 "대한민국 정부와 중화인민공화국 정부 간 문화 협력에 관한 협정"을 기점으로 교육·과학·문화·예술·신문·방송·영화·체육 등 각 분야에서 교류가 활발하게 진행되어 왔다.

한·중 문화 협정이 체결·발효된 이후 문화 협정상의 규정이나 양국 간의 별도 합의에 따라 문화 외교 국장급을 수석대표로 하는 정부 간 문화공동위원회가 설치되었다. 2~3년마다 양국이 교대로 문화공동위원회 회의를 개최하여 양국 간 문화 교류 협력 방안을 논의하고, 통상적으로 문화 교류 시행 계획서를 체결·시행하는 것을 내용으로 하고 있다. 한·중 정부 간 문화 분야 교류 협력 강화 방안을 협의하기 위한 정례 협의 채널인 한중문화공동위원회 제7차 회의가 2007년 베이징에서 개최되었다. 한·중 양국은 이 회의에서 2005년 5월 체결된 "2005~2007 한·중 문화 교류 계획서"의 이행 현황을 점검하고, 문화·예술·교육·학술·신문·출판·라디오·영화·텔레비전·체육·청소년 및 지방자치단체 교류 등 다양한 분야에 걸쳐 양국 간 구체적 협력 사업을 포괄하는 "2008~2010 한·중 문화 교류 계획서"에 서명했다. 아울러 중국 내 한국 문화 보급 현황을 점검하고, 한국 문화의 지속적인 확산을 위한 방안을 모색했다. 가장 최근에는 2011년 11월 제주도에서 제8차 문화공동위원회가 개최되었다.[5]

4_ 한중문화교류협회 홈페이지 참조. http://www.korchi.org.

5_ 한중공동위원회 홈페이지 참조. http://www.mofat.go.kr/webmodule/htsboard/template/read/korboardread.jsp?typeID=6&boardid=235&seqno=308657.

한·중 양국은 1994년 문화 협력 협정을 체결한 이후 2000년에는 각각 문화 센터를 설립하는 것에 의견을 함께했다. 2007년 한국은 베이징에 한국문화원을 설립했고 문화콘텐츠진흥원 지부를 설립했으며, 중국은 한국에 주한 중국문화원을 설립했다(李敦球 2007; 李拯宇·千玉蘭 2007). 더불어 한국 문화관광부는 베이징에 한국 센터를, 상하이에 한국문화산업 중국서비스센터를 설립했다. 중국 문화를 한국에 소개하기 위한 일환으로 세워진 주한 중국문화원은 2004년 12월 정식으로 개원했는데, 이는 중국이 아시아에서 개원한 첫 번째 문화원이다.[6] 한국문화콘텐츠진흥원은 2001년 여름에 준비되어 설립되었다. 중국은 "한·중 관계의 양호한 미래를 공동으로 만들어 내자"(共創韓中關係的美好未來)라는 주제로 2007년 1월부터 신화사 홈페이지(新华网)에 "한·중 교류의 해" 전문 사이트를 만들었다. 한국 외교통상부도 문화를 전파하기 위한 전문 사이트를 만들어 운영하고 있다. 이것이 한·중 문화 교류의 중요한 제도적 장치 역할을 하고 있다.

2. 한·중 인적 교류의 현황과 추세

한국인과 중국인들이 상대국을 왕래한 역사는 두 나라가 국가를 이루기도 전이었다. 수천 년을 이어 오던 인적 교류는 한국전쟁이 발발한

6_주한 중국문화원 홈페이지 참조. http://www.cccseoul.org/main/main.php.

뒤 냉전이라는 장막에 의해 일정 기간 중단되었다. 1992년 한·중 수교 이후 양국의 민간 교류는 다시 시작되었고 급속히 증가했다. 오늘날 한·중 인적 교류의 규모는 다른 어떤 국가보다 크고 방대하다.

한·중 수교 초기, 양국 간 인적 교류는 13만여 명에 불과했다. 1994년 정기 항로가 개설되었고, 그해 한국을 방문한 중국인은 14만1천 명, 중국을 방문한 한국인은 23만4천 명에 달했다. 이후 양국 교류의 문이 활짝 열리고, 2000년에는 단체 여행객에 대한 제한이 풀렸으며, 2006년에는 한·중 항공 자유화 협의가 체결되었다. 2007년 한·중 간에 복수 비자 제도가 시행되기 시작했으며, 청소년 수학 여행단의 무비자 입국이 상호 허가되었다. 점차 활성화되는 경제 교류와 나날이 편리해지는 한·중 교류 환경에 의해 점점 더 많은 회사 직원, 중소기업인, 상인들이 양국을 빈번하게 왕래하고 있으며 수많은 한국인들이 가족과 함께 직장을 위해 중국에서 생활하게 되었다. 뿐만 아니라 많은 젊은이들이 유학을 위해 상대국에 건너갔고, 여행의 빈도와 규모도 크게 성장했다. 2006년에는 매주 804편의 비행기가 한국의 6개 도시와 중국의 30여 개 도시를 왕복했으며, 중국에 거주하는 한국인은 대략 70만 명에 이르렀다. 2010년에는 한국을 방문한 중국인이 172만4천 명까지 증가했고, 중국을 방문한 한국인은 407만6천 명이었다. 이는 1992년과 비교하면 각각 20배와 95배가 증가한 것이다.

일반적으로 우리는 양국 국민의 인적 교류 규모를 확대하는 것이 양국 관계를 강화하는 중요한 경로라고 알고 있다. 과거 20년의 한·중 인적 교류가 긍정적인 면만 있는 것은 아니지만, 인적 교류의 현황을 살펴보고 그 경험을 통해 교류의 질을 높이는 것이 양국 관계가 장기적으로 건강하게 발전할 수 있는 디딤돌이 될 것이다. 본 장에서는 관

표 2-1 | 한·중 인적 교류의 규모

단위: 만 명, %

년도	방한 중국인	증가율	방중 한국인	증가율
1992	8.7	10.1	4.3	186.6
2001	48.2	8.9	167.7	25.6
2002	53.9	11.9	212.4	32.7
2003	51.3	-4.9	284.5	46.3
2004	62.7	22.4	284.5	46.3
2005	71	13.2	354.5	24.6
2006	89.7	26.3	392.4	10.7
2007	106.9	27.2	477.7	11.5
2008	116.8	27.8	396.1	-4.7
2009	134.2	28.2	319.8	-5.1
2010	172.4	28.5	407.6	27.5

자료 : 한국출입국관리사무소, 『출입국 통계연보』, 매해 통계.

광객·유학생·경제활동인 이 세 집단의 인적 교류 현황과 추세를 살펴
보고자 한다.

1) 한·중 관광 교류의 현황과 추세

(1) 한·중의 관광객 규모

1994년 한·중 직항기가 생겼고 1997년부터 상대국에 대한 관광
여행이 시작되었다. 2000년에는 중국의 모든 국민이 한국 관광의 기
회를 얻게 된다. 그 결과 중국을 방문하는 한국 관광객과 한국을 방문
하는 중국인 관광객 수가 급속히 증가했다. 오늘날 중국은 한국인이
가장 많이 찾는 해외 관광지이고, 2010년 중국을 방문한 한국 관광객
은 408만 명에 달해 한국인의 해외 관광 중 16.9%를, 중국에 입국하는
외국 관광객의 15.6%를 차지했다. 한국은 중국의 5대 관광 대상국이
며, 중국인의 해외여행에서 한국행 비율은 3%가 안 되지만, 한국을 방

그림 2-1 | 중국의 한국 관광객 숫자 및 해외 관광객에서 차지하는 비율

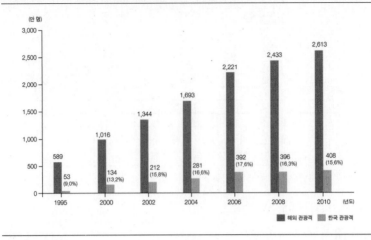

자료 : 중국 국가통계국

문하는 중국 관광객이 한국의 외국인 관광객에서 차지하는 비중은 매우 높다.[7] 한국관광공사의 통계에 의하면, 2011년 한국을 방문한 중국인 관광객은 131만2천 명이고 한국 전체 외국인 관광객의 18.2%를 차지했다.

(2) 한·중의 관광객 증가 추세

한·중 간 관광객의 규모는 단기간에 급속히 증가하면서 다음과 같은 추세를 보여 준다. 첫째, 한·중 수교 이후 20년 동안 양국 경제는 지

7_2008년 관광을 위해 한국을 방문한 중국 여행객은 116만8천 명에 달했지만 이는 전체 중국인의 해외여행 가운데 2.5%에 불과하다.

그림 2-2 한국의 중국 관광객 숫자 및 해외 관광객에서 차지하는 비율

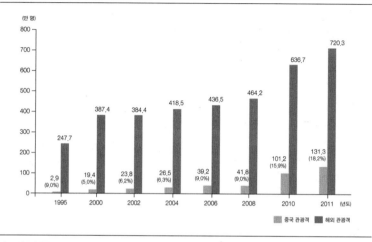

자료: 한국관광공사

속적으로 발전했고 사람들의 생활 방식도 크게 변화해, 해외 관광이 소집단의 사치성 소비 여행에서 점차 중산층 소비로 바뀌었다. 사람들은 해외 여행지를 선택할 때 우선 거리적으로 가깝고, 교통이 편리하고, 비용이 비교적 낮은 인접국부터 고려하게 된다. 한국인들의 경우 1990년대에 중국을 여행하는 관광객들이 단기간에 크게 증가했으며, 2000년 이후에는 점차 많은 중국인들이 해외여행을 하게 되면서 시간과 비용이 적게 드는 한국 등 주변 국가를 찾기 시작했다. 동시에 한·중 경제 무역, 문화, 관광 각 방면의 교류가 심화되면서 항공기 등 교통 수단이 더욱 편리해졌으며 이것이 한·중 관광객을 끌어들이는 역할을 하게 된다. 중국 경제의 성장과 중국 여행객의 증가에 따라 한국 정부는 나날이 중국인의 입국 수속을 간편하게 처리하고 있고 이는 한국으로 가는 중국 관광객을 더욱 증가시키고 있다.

둘째, 한·중 양국의 풍부한 문화 교류가 상대국을 여행하도록 자극하고 있다. 한·중 문화 교류는 역사적으로 그 연원이 오래되었으며 많은 한국인이 중국의 역사 문화 유적과 이야기에 익숙하다. 한국의 신문과 방송 또한 중국의 풍부하고 다양한 자연과 인문 경관을 소개해 한국인들의 발길을 이끌고 있다. 마찬가지로 2000년 이후 중국에 한국 드라마가 방영되면서 중국인들은 한국의 선진적인 모습, 세련된 유행 문화 그리고 독특한 전통 문화에 매료되었다. 한류 문화 상품의 영향으로 중국인들은 한국의 음식·패션·화장품 등을 선호하게 됐고 한국 여행에도 관심을 가지게 되었다.

셋째, 한·중 양국의 우호 관계가 발전하면서 양국 정부는 민간 교류를 적극적으로 추진했다. 한·중 수교 이래 이미 '한·중 우호 교류의 해', '한·중 문화 교류의 해'를 몇 차례 진행했고, 관련 행사들은 관광자원을 개선하고 양국 문화를 선전하는 데 큰 역할을 발휘했다. 끝으로, 양국의 중앙정부와 각 지방정부는 관광산업 발전을 중요시해 적극적으로 외국 여행객을 끌어들이고 있다. 중국인 관광객이나 한국인 관광객들은 모두 양국의 해외 관광객 중에서 큰 비중을 차지하고 있으므로, 관광 업계는 상대 국민의 취향에 맞는 관광 상품을 적극적으로 개발하고 있으며, 이는 양국의 관광객 규모를 확대시키는 데에도 큰 영향을 미쳤다.

한·중 관광 교류에 긍정적인 요소들이 여전히 많기 때문에 한·중 간의 관광은 장기적으로 큰 규모를 유지할 가능성이 높다. 현재 한국인들 가운데 중국을 관광해 본 경험자의 비율은 10%에 근접하고 있으며 이 규모는 앞으로 더욱 커질 것이다(한국관광공사 홈페이지). 이와 동시에 중국인의 한국 관광 수요도 계속 성장하고 있다. 한국의 관광 인프라가 증가된 수요를 소화할 수 있다고 가정한다면 관광업에서 대중국 적자는 점차 감소해서 결국 흑자로 돌아설 가능성이 크다.

지금까지 한국과 중국 국민의 소득 격차는 한국 관광업의 대중국 적자를 초래하는 가장 중요한 요인이었다. 중국인의 일인당 소득이나 물가 수준이 아직 낮은 편이라 한국인의 중국 여행에 비해 중국인들의 해외여행이 쉽지 않기 때문이다. 그러나 중국 국민소득의 증가, 인민 폐 가치 절상, 중국 물가의 지속적인 상승에 따라, 특히 여행을 선호하는 중국 젊은이들의 소득이 증가하면서 한·중 관광 영역의 불균형 현상은 앞으로 없어질 것이다. 중국 국가여행국 2010년 통계에 따르면, 2000년 이후 해외 관광객 수가 지속적으로 증가해 2008년에 이르면 4,584만 명으로 2001년(1,213만 명)의 4배에 달했다. 이러한 속도라면 2020년 중국의 해외 관광객 수는 1억5,900만 명에 도달할 것이다. 지금까지는 중국인이 관광객으로 입국한 뒤 관광단을 이탈해 한국에 불법 체류하는 것을 막기 위해, 한국은 중국 관광객의 자격에 대해 여러 제한을 가했다. 예를 들면, 개인에게 관광 비자를 발급하지 않는 것, 한국에 입국하는 중국인에게 재산 증명을 요구하는 것, 중국 관광단의 관광 회사에 보증금을 요구하는 것, 관광객이 관광단을 이탈하면 중국 회사가 벌금을 내도록 하는 것 등이 있었다. 이러한 제도적 제한 때문에 중국 관광객과 관광 회사는 한국 여행을 주저하게 되며, 대신 가격이 비슷하면서 입국 수속이 간편한 동남아 등지를 선택했었다. 그러나 최근 한국 정부는 중국인의 입국 수속과 비자 심사를 간편화했으며, 그 결과 중국인들의 한국 관광이 늘고 있다. 한국 정부가 2008년 3월 제주도를 면세 관광 지역으로 정한 이후 제주도를 방문하는 중국 여행 객들이 급속하게 많아졌다. 2008년 17만5천 명의 중국인이 제주도를

방문했는데, 이 숫자는 2009년 26만 명까지 늘어났으며 증가율은
47.8%에 이르렀다(중국국가통계국 홈페이지). 이를 통해 보면, 한국은 중
국 관광객을 흡인하는 거대한 잠재력을 가졌다고 할 수 있다.

2) 한·중 유학생 교류의 현황과 추세

(1) 한·중 유학생 교류의 규모

한·중 양국의 교육부는 1995년 제1차 〈중화인민공화국 교육부 및
대한민국 교육부 교육 교류와 합작 협의〉(中華人民共和國敎育部與大韓民
國敎育部敎育交流與合作協議)에 서명했다. 이후 한·중 양국의 유학생 규
모가 급속히 증가했고 서로에게 가장 비중이 큰 유학 대상국이 되었
다. 2011년 말 현재 한국 내 중국 유학생은 6만843명으로 한국의 외국
인 유학생 총수의 3분의 2다. 중국에 있는 한국인 유학생은 6만7천 명
을 넘어섰으며, 한국은 연속해서 9년 동안 중국의 최다 유학생 제공국
이다.

(2) 한·중의 유학생 증가 추세

한·중 수교 이후 양국 교육부는 지속적으로 각종 협의를 맺고 관련
법규를 정비함으로써 한·중 유학생 교류의 문호를 개방했다. 1995년
양국 교육부는 처음으로 "한·중 교육 교류 협력 협의"를 맺었으며,
1998년 "1998~2000년 한·중 교육 교류 협력 협의", 2001년 "2001~
2003 한·중 교육 교류 협력 협의", 2004년 "2004~2006년 한·중 교육
교류 협력 협의", 2008년 "2008~2010년 한·중 교육 교류 협력 협의"

그림 2-3 | 한·중 간 유학생의 증가 추세

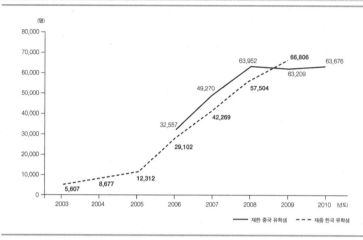

재한 중국 유학생 통계 자료: 한국 출입국 관리사무소
재중 한국 유학생 통계 자료: 중국 교육부

를 체결했다. 2008년 5월 한·중 양국은 "한·중 고등교육 학력 학위 상
호 인정 양해 각서"에 조인하고 상대국 학생이 상대 국가에서 취득한
학력과 학위를 본국에서 취득한 학력과 학위와 마찬가지로 인정함으
로써 한·중 간 유학의 모든 걸림돌을 해소했다. 교육 교류 협의를 위해
양국 교육부는 2005년부터 부정기적인 장관 회의를 열었고, 2008년
부정기 회의를 2년마다 개최하는 정기 회의로 전환했다.

한·중 경제협력이 빠르게 발전함에 따라 한·중 유학생의 수도 증
가하고 있다. 수교 이래 양국의 무역액은 고속 성장을 유지해 왔다. 수
교 이후 11년째인 2003년 중국은 이미 한국의 최대 수출 상대국, 두
번째 무역 상대국이 되었다. 한국 GDP에 대한 대중국 수출의 공헌도
가 대미 수출을 넘어섰고 2004년 8월 중국은 한국의 최대 무역국이 되
었다. 중국이 2001년 세계무역기구(WTO)에 가입하고 외국 기업에 대

한 진입 장벽을 없앤 이후 한국의 대중국 직접투자가 급속하게 증가했고, 2003년 한국의 대중국 투자는 한국 해외투자의 40%를 넘어섰으며, 2007년 한국은 중국의 최대 투자국이 되었다. 중국 경제가 고도성장을 유지하고 종합 국력이 증가함에 따라 점점 더 많은 한국인들이 중국을 이해하고 중국에서 발전 기회를 찾아내기 위해 노력하고 있다. 한·중 간 대규모 경제 무역 교류는 한·중 젊은이들에게도 유리한 취업 기회를 제공했고, 한·중 양국의 경제 무역 교류가 지속적으로 발전하면서 양국 유학생의 규모 또한 빠르게 증가하고 있다.

경제사회적 환경과 교육 수준이 발전함에 따라 양국 교육부 모두 대학의 국제화를 추진하면서 외국 유학생을 적극적으로 유치하고 있다. 한국은 21세기에 진입하면서 대대적으로 국제화 교육을 지향했고, 대학에 10% 이상의 외국 유학생을 받도록 했으며, 2012년 10만 명의 외국 유학생을 유치할 계획을 세운 바 있다. 2001년 7월 한국 교육인적자원부는 "외국인 유학생 유치 확대 방안"을 제정했고, 2003년부터 매년 8억4천만 원을 투자해 동아시아 국가에서 우수한 고졸자들이 한국에서 유학하도록 유인했다. 2004년 한국 정부는 2차로 "외국 유학생 유치 확대 방안"을 제기하고 구체적인 정책을 내놓았다. 정부 장학금의 액수와 장학생 수를 늘리는 조치, 기업이 외국 유학생을 고용하도록 독려하는 것, 외국 유학생의 학습과 거주 조건의 대폭 개선, 외국 학생에게 무료로 한국어와 한국 문화를 이해할 기회를 제공하는 것, 유학 비자 통과율을 늘리는 것 등이 이에 속한다(姜裁植 2010, 83-84). 21세기 들어 해외에서 중국으로 유학 오는 학생들이 증가하는 추세에 발맞추어 중국도 부단히 유학생 관리 조치를 개선하고 있다. 2000년 중국 교육부, 외교부와 공안부는 공동으로 "고등학교 외국 유학생 접수 관리 규정"(高等學校接受外國留學生管理規定)을 공포했으며, 2001년에는 교육부가 "외국 유학생 학력 증명서 관리 방법 개혁에 관한 통지"(關于改革外國留學生學歷證書管理辦法的通知)를 발표해 유학생 관리 업무가 점차 규범화되도록 했다. 정부 주도하에 양국의 대학교는 국제화 수준을 올리고자 구체적인 정책을 실시했는데, 해외 교수 초빙, 영문 과목 증설, 국외 대학과의 연계 수업 등을 포함하며, 외국 유학생에 대한 서비스 및 관리와 관련된 방침을 강화했다.

양국 대학들 간의 교류 협력이 시작되면서 대학생 사이의 상호 교류에도 기회가 왔다. 양국 정부의 지지하에 중국의 2백여 개 대학교와 한국 150여 개 대학이 협의를 체결했고, 국제 교류 협력 관계를 맺었으며, 교육과정과 학점 상호 인정, 학위 수여와 복수 학위 수여 등이 가능해졌다. 현재 '한·중 대학 총장 포럼' 등이 정기적으로 개최되고 있으며, 학교 운영과 교육 관리 등의 경험을 교류하고 수준 높은 인재 육성, 첨단 과학 연구 협력에 대한 토론을 진행하고 있다. 한·중 양국의 교육 행정 부문과 대학은 상호 방문단이 매년 수백여 차례 교류를 하고 있으며 협조 사항을 논의하고 있다. 한국의 많은 대학들이 중국 학생들에게 장학금을 주고 있으며, 중국의 대학들도 한국 유학생의 등록금을 구미 국가들보다 낮은 수준에서 책정해 주었다. 대학 간 교류와 협력은 양국의 대학생들에게 상대 국가에 유학할 수 있는 기회를 제공했으며, 교류가 많아짐에 따라 기회 또한 크게 증가하고 있다.

정부 간, 대학 간 파견 교류 학생 이외에 양국에는 거대한 규모의 자비 유학생이 존재한다. 중국의 경제 성장세가 높고 유학비용이 저렴하기 때문에 많은 한국인들이 중국에서의 교육 투자를 희망한다. 수교 이래 자비 유학생은 중국 내 한국인 유학생의 주류였다. 한·중 교류가 심화됨에 따라 점차 많은 한국인들이 중국을 알고자 했고 더욱 광범위한 활동 공간을 추구했다. 더불어 재중국 한국 유학생의 부모는 이미 한·중 교류의 제일선에 있는 경우가 많았으며, 따라서 그들의 자녀는 한·중 교류의 제2세대로서 자연스럽게 유학생이 되었다. 한 연구를 보면 부모가 중국에서 일을 하거나 사업을 하는 경우가 재중국 한국인 유학생 가운데 20%에 달했다(留佚陽·王樂鵬 2008). 또한 중국 고등학교를 졸업한 이후 자비로 한국 유학을 가는 중국 청소년들의 수가 최근 증가하고 있다. 중국의 고등교육 자원이 부족하고 매년 고교 졸업생 수백만 명이 대학에 진학하지 못하고 있다. 중국 가정 소득의 증가와 인민폐 가치 절상에 따라 점차 많은 가정들이 자녀를 해외에 유학 보내고 싶어 한다. 그중에서 한국은 중국과 가깝고 문화도 비슷하며 학비도 상대적으로 저렴하다. 뿐만 아니라 한국에서 유학을 하면 잠재적인 취업의 기회도 있다. 그래서 다수의 중국 고교 졸업생들이 한국으로 향하고 있다. 중국은 현재 세계에서 최대 유학생 수출국이고 이런 추세는 아마 지속될 것이다. 2000년 이후 국제 유학 시장의 특징은 대륙 간 이동이 감소하고 지역 내 이동이 증가하는 것이다. 한국으로 유학 오는 중국인 학생들 또한 지속적으로 증가할 것임을 추론할 수 있다. 2011년 재한국 중국인 유학생 수는 이미 재중 한국인 유학생 수를 초과했고, 이후 한·중 유학생 교류에서 중국의 대한국 흑자는 계속 확대될 가능성이 높다.

3) 한·중 경제 영역 인적 교류의 현황과 추세

수많은 기업가, 회사 직원, 상인과 노동자들이 상대 국가에서 일하고 거주한다. 두 국가의 산업 발전 단계가 다르므로 중국에 거주하는 한국인은 주로 중소기업가, 대기업 파견 직원, 중소 상인과 그 가족들이다. 한국에서 일하는 중국인들은 단순 육체노동이나 서비스직에 종사하는 경우가 많다. 이들은 한·중 교류 일선에서 활약하는 사람들로, 그들의 언행이 양국 국민의 상호 인식에 영향을 주며 현지 국가나 모국 사회에도 영향을 미친다.

(1) 중국에서 일하는 한국인

한국은 중국의 주요 투자국이고 중국에 일하러 오는 한국인들은 자본을 가진 사람들이다. 그들은 중국의 여러 지역을 왕래하기도 하고 심지어는 가족 전체가 중국에서 장기 거주하기도 한다. 여타 투자 대상국과 달리 중국에 대한 한국 투자는 중소기업이 대부분이다. 그래서 중국에서 일하는 한국인 가운데는 중소기업주와 무역상이 많다. 한국과 중국은 지리적으로 가깝고, 조선족들이 통역의 역할을 하며, 노동력이 저렴하고, 농산품 등 상품 가격이 한국에 비해 저렴하다. 중국과 수교할 당시, 한국은 이미 산업 고도화 과정에서 저기술 산업의 일부를 경제적으로 낙후한 국가로 이전하고 있었는데, 이때 많은 중소기업이 중국에 투자했다. 2002년의 경우, 한국의 전체 해외투자 평균 규모가 237만 달러인 데 비해, 대중국 투자 평균 규모가 88만 달러였다는 점에서, 대체로 소규모 투자가 이루어졌음을 알 수 있다. 한국의 전체 대중국 투자에서 중소기업의 수는 93.6%로, 한국 중소기업의 전 세계 투자에서 대중국 투자 점유율이 83.7%나 되는 셈이다. 요컨대, 한국의 대중국 투자는 중소기업의 수가 많고 건당 투자 액수가 작다. 한국 중소기업의 해외투자가 대부분 중국에 집중되어 있다고 보면 된다.

2002년 이후 중국 정부는 산업 고도화의 발걸음을 내디뎠으며, 동시에 노동법 개정 등을 통해 노동자에 대한 보호를 강화했다. 2005년 이후 외국 기업의 세금 우대 등 정책적 혜택이 변경되었고, 나아가 선택적으로 고부가가치, 친환경적인 외국 투자를 받아들이겠다고 강조했다. 이처럼 투자 환경이 달라짐에 따라 중국에 투자하고 있던 한국의 중소기업들이 일부가 도산하거나 중국을 떠나는 상황이 벌어졌다.

그럼에도 중국에서 경제활동을 하는 한국인의 수는 여전히 늘어나고 있는데, 이는 세계경제의 저성장 추세와 달리 중국의 내수 시장이 커지고 있으며, 중국 시장에 대한 한국 기업의 관심이 증가하고 있기 때문이다. 1990년대 이래 한국의 재중 인구는 계속해서 매년 40%가 증가했다. 2009년 5월 통계에서 베이징에 거주하는 한국인은 6만 7,173명이었고 그중 유학생이 2만1,109명이었다. 나머지 대부분은 베이징에서 일하는 한국인과 그 가족들이다. 중국에서 경제활동에 종사하는 한국인들은 업무 과정에서 직접적으로 중국인들과 어울릴 수밖에 없는데, 이것이 한·중 문화 교류의 중요한 공간을 형성한다.

중국에서 일하는 한국인들이 점차 많아지면서 다수의 중국 도시에 한국인들이 장기 거주하는 '한인 타운'이 출현했다. '한인 타운'은 한국인들이 대량으로 입주한 이후 부동산 경제가 활기를 띠게 되어 부동산 가격이 상승했으며, 그 지역의 중상위급 생활 거주 구역으로 변모했다. 예를 들어, 베이징의 왕징(望京)과 순이(順義)는 모두 한국인 거주 지역으로, 한국 기업의 소재지에서 가깝고 한국인들이 대거 입주한 이후 지역의 서비스 설비 등도 한국화되는 현상이 나타났다. 수많은 한국 상점, 한국 음식점, 한국 미용실, 병원, 학교 심지어 정기적으로 발행하는 한글 잡지와 신문도 있다. '한인회'는 이 지역을 중심으로 활동하는데, 정기적인 모임을 통해 재베이징 한국인들의 교류를 지원하며, 중국의 사구 주민위원회가 한·중 거주자 간의 갈등을 조정하는 경우 이를 돕기도 한다. 한국인은 중국어를 못해도 이 지역에서 큰 어려움 없이 생활할 수 있다.

'한인 타운'은 중국 도시 속의 한국 문화지역으로 중국인이 한국, 한국 문화, 한국인을 이해하기 위한 창구가 되었다. 한인 타운에는 많은 한국인이 거주하고 한국인을 위한 서비스 설비가 갖추어져 있다. 이곳에 거주하는 한국인들은 대부분 중국인들과 적극적으로 교류하기보다는 한국인들의 집단 안에서만 생활하려고 한다. 그러나 한인회 등은 주택 단지 단위로 여러 활동을 통해 한·중 민간 교류의 기회를 만들어 내려고 한다. 예컨대, 한인 타운에서 생활하는 중국인들에게 무료로 한국어를 가르치는 강의를 개설하기도 한다. 2008년 중국에 혐한 정서가 나타난 이후 한인협회는 '겸따마다 운동(겸손하고 따뜻한 마음으로 다가가기)'을 시작했는데, 중국인에 대한 재중국 한국인들의 태도를 개선해, 한국에 대한 부정적 인식을 바꾸자고 호소했고, 이것이 한·중 관계를 발전시키는 데 긍정적 작용을 했다.

(2) 한국에서 일하는 중국인

한국이 해외 노동력을 유인하는 제도는 두 가지가 있는데, 고급 인력에 대해서는 '전문 인력 취업 제도'를 통해 한국에 장기간 체류할 수 있는 취업 증서를 준다. 단순 육체 노동자에 대해서는 초기에는 '산업 연수생 제도'를 채택했다가 나중에 '고용 허가제도'와 '방문 취업 제도'로 바꾸었다. 한국에서 일하는 해외 노동자 중에서 고급 인력의 비중은 대체로 작은데, 중국인 노동자 중에서 전문 인력은 거의 없다. 중국 기업이 한국에 파견한 직원을 제외하면, 한국 기업에 고용된 중국인은 대부분 단순 육체 노동자다.

한국의 해외 노동력 관련 제도의 기본 원칙은 해외 노동력을 탄력적으로 수입하는 동시에 지나치게 많은 외국인이 한국으로 이주하지 못하도록 막는 것이다. 한국 정부는 한국의 산업 발전을 위해 양질의 염가 노동력을 제공받고자 한다. 초기 산업연수생 제도는 원칙적으로 저개발 국가의 노동자들을 숙련 노동자로 육성하는 것이었지만 산업연수생을 일반 노동자로 간주하지 않았으므로 이들은 한국 노동법의 보호를 받지 못했다. 그 결과 산업연수생들은 한국 기업을 위해 최고의 염가 노동력을 제공하는 셈이었다. 많은 중국인들이 산업연수생 신분으로 한국에서 일하다가 기간이 끝나자 불법체류자로 한국에 남아 계속 일하는 쪽을 선택했으며, 일부 산업연수생들은 기간이 되기도 전에 자발적으로 불법체류자가 되었다. 그 쪽이 산업연수생일 때보다 임금이 높았기 때문이다. 이런 경로로 수많은 중국인들이 불법체류자가 되었고 비합법적 신분으로 한국에서 육체노동에 종사하게 되었다. 2003년 3월 불법체류자의 비율은 모든 외국인 노동자의 78.2%에 달했다(설동훈 2008, 386-391).

불법체류 노동자가 증가하는 문제를 해결하기 위해서는 정부가 반드시 한국 산업의 실제 수요에 의거해 외국인 노동자 관련 정책을 조정해야 한다는 의견이 모아졌고, 조선족 등 해외 거주 한국 동포의 취업 기회를 늘리는 것이 고려되었다. 2004년 한국은 '고용 허가' 제도를 실시했지만 2006년 말까지 산업연수생 제도를 폐지하지 않았다. 고용허가 제도가 시작된 이후 외국인 노동자도 노동자 대우를 받을 수 있었으며 불법체류 중국 노동자 수도 대폭 감소했다. 그러나 2006년까

표 2-1 | 재한 중국인 노동자의 증가 추세

단위 : 명

년도		합계	합법 취업자					불법 체류자
			전문 취업	비전문 취업	연수 취업	방문 취업	산업 연수	
1995	중국인	61,462	0	-	-	-	17,518	43,569
	(조선족)	28,767	0	-	-	-	6,502	21,975
2000	중국인	60,445	1	-	519	-	41,735	1,820
	(조선족)	32,050	0	-	196	-	19,967	11,887
2002	중국인	193,182	2	-	9,226	-	40,868	143,086
	(조선족)	96,364	0	-	3,272	-	17,502	75,590
2004	중국인	217,798	0	89,660	13,176	-	24,613	90,349
	(조선족)	120,768	0	55,245	8,709	-	8,673	48,141
2006	중국인	144,935	1	17,768	13,036	-	20,785	93,345
	(조선족)	62,977	0	10,119	10,931	-	4,207	37,720
2008	중국인	113,094	0	10,765	1,919	-	7,200	93,210
	(조선족)	117,792	0	5,691	1,488	78,418	4,988	27,207
2010	중국인	373,555	0	15,532	-	277,928	3,529	76,566
	(조선족)	320,495	0	5,998	-	290,485	853	23,159
2011	중국인	372,208	0	12,397	-	290,485	2,292	67,034
	(조선족)	312,707	0	4,609	-	290,485	329	17,284

지도 불법체류 외국인이 전체 외국인 노동자에서 차지하는 비율은 여전히 높아 44.1%에 달했다. 또한 불법체류 외국인 노동자 가운데 조선족 등 한국 동포의 비율이 높아지자 한국 정부는 '방문 취업 제도'를 만들었고, 방문 취업 비자의 유효기간을 최장 3년으로 했으며, 이 기간 동안 한국에서 자유롭게 취업할 수 있도록 했다. 그러나 이 제도는 조선족, 특히 한국에 친척이 있는 조선족들에게만 해당되었다. 결국 생산 기능직 해외 노동력 활용 제도는 2007년 1월 1일부로 고용 허가 제도로 통일되었다.

(3) 한국에서 일하는 조선족

조선족이 한국에서 일하기 시작한 것은 1988년 서울 올림픽 이후다. 그 당시 한국과 중국은 정식으로 수교를 맺지 않았지만, 이미 소규모의 체육 교류를 진행하고 있었고 한·중 관계도 점차 해동되고 있었다. 한국에 친척이 있는 조선족들은 친지를 방문하는 기회가 주어졌고 그 가운데 일부가 한국에 남아 일하기 시작했다. 한국 정부는 조선족이 한국에서 불법 체류하는 현상을 보면서 이를 억제하기 위해 한·중 수교가 이루어진 1992년, 중국인 비자 업무를 외무부에서 법무부로 이전하고 친지를 방문하는 조선족의 연령 제한을 55세 이상으로 했다. 그러나 단순 노동자에 대한 수요가 늘고 한국의 임금이 중국보다 많았으므로 이런 제약은 오히려 불법적인 경로를 통해 한국으로 가는 조선족의 대오를 증가시켰다. 한국 입국이 매우 어려웠기 때문에 그중 일부는 중개 기관에 지나친 액수의 수속비를 내야 했고, 그 결과 한국에 온 대다수 조선족들은 장기간 불법 체류했다(신의길 1994).

2004년 7월 한국의 '취업 관리제도'는 해외 한국 동포에 대한 취업 제한을 낮췄다. 한국인들은 더욱 자유롭게 해외 친척을 초청할 수 있게 됐고, 해외 한국 동포의 취업 허가 산업 종류도 증가했다. 또한 한국인과 결혼한 여성이 자유롭게 친지를 초청하도록 허가했다. 취업 관리 제도를 실시한 뒤 한국에 일하러 오는 조선족 수는 증폭했다. 그럼에도 불구하고 한국에 합법적으로 일하러 올 수 있는 기회는 한국으로 오고 싶어 하는 조선족들의 수요를 만족시켜 주지 못했다. 한국 법무부가 2006년 6월 1일 발표한 통계에도 나타나듯이, 2006년 5월까지 한국의 불법 노동 조선족은 10만 명을 초과했다. 2007년 3월 한국 정부는 '방문 취업 제도'를 내놓았는데, 한국에 일하러 오는 외국 노동자들은 정부가 현지의 지정한 곳에서 한국어 시험에 참가해야 한다는 규정이었다. 이 시험에 합격하면 추첨을 통해 한국 취업 기회를 획득하게 된다. 이 제도는 언어 장벽이 없는 조선족에게 매우 유리했고, 친척이 없는 조선족들도 합법적으로 한국에서 일자리를 구할 수 있게 되었다. 방문 취업 제도가 실시된 이후 한국에 입국하는 조선족의 수가 다시 증가했으며, 2009년 초에 이르면 거의 40만 명에 육박했는데 이는 중국 조선족 전체 인구의 5분의 1을 차지한다(『중앙일보』2001/10/22).

3. 학술 교류의 현황과 추세

1992년의 한·중 수교는 1953년 정전협정이 이루어진 이후 39년 만에 한국과 중국이 최초로 공식적인 외교 관계를 갖게 된 중요한 사건이었다. 수교 이전 한국과 중국은 정치적 적대, 군사적 대치, 경제적 격리, 문화적 분리를 경험했다. 전쟁의 상흔과 이데올로기의 차이로 인한 특수한 역사적 배경은 양국의 학술적 교류에 큰 제약이 되었다. 이질적인 학문 토양과 단절된 교류로 인해 두 나라는 상대국에 대한 이해와 연구가 부족했다. 한·중 수교는 두 나라 학술계로 하여금 학문적 장벽을 넘어 소통하고 토론하고 논쟁할 수 있는 기회를 제공했다.

학술 교류는 상대국 문화의 근원을 살피고 교류의 이론적 기초를 제공할 수 있다는 점에서 무엇보다 중요하다. 한·중 학술 교류 초기에는 문학·역사·정치·경제 분야가 주를 이루었지만 점차 학문 전체로 확대되어 사회·종교·철학·교육·언론·서예·고고학·문화산업·과학·IT 분야 등 거의 모든 영역을 망라해 교류가 진행되고 있다. 내용도 세미나와 심포지엄 개최에서 한발 더 나아가 양국의 학자들이 공동으로 학술 연구를 하거나 연구 기관을 설립하고 연구 인력을 양성하고 있다. 또한 공동 작업을 통한 연구 결과물을 서적으로 출판하는 등 활발한 교류를 하고 있다. 한국과 중국의 학술 교류가 어떤 수준과 방법으로 진행되고 있는지, 그 형식과 내용은 무엇인지 점검해 보자.

1) 한·중 정부 차원의 학술 교류 현황과 추세

2008년 5월 한국 대통령이 중국을 방문한 데 이어 8월 후진타오 중국 주석이 한국을 답방한 후, 양국은 전략적 협력 동반자 관계로 양국 관계를 격상시키는 데 합의했다.[8] 또한 고위급 전략 대화와는 별개로 '한·중 전문가 회의'를 구성해 한·중 교류 및 협력의 전면적 추진을 위해 공동 연구를 진행하고, 이를 양국 정부에 보고하도록 했다. 민간 학자들을 조직해 정부 지원으로 양국 관계를 공동으로 연구했던 '한·중 전문가 회의'는 2009년 5월 '한·중 전문가 공동 연구 위원회'라는 공식 명칭을 갖게 되었다. 이 위원회는 한·중 각각 16명으로 공동 연구 위원회를 구성하고, 양국의 전략적 협력 동반자 관계를 발전시키는 것과 관련된 중요 의제를 논의하는 역할을 맡았다. 2010년 4월 말, 본 위원회는 한·중 양국의 협력 중점 분야와 핵심 의제를 정리하고, 구체적인 정책 건의를 담은 보고서를 발간해 양국 정부에 제출했다.[9]

또한 정부 차원에서 각종 교류 위원회를 가동하고 있다. 예를 들면

8_이 과정에서 양국은 "한·중 공동성명"을 통해 정치 분야 5개, 경제적 협력 강화 17개, 인적·문화 교류 6개, 지역과 국제 협력 6개항을 포함하는 34개 항목에 합의했다.

9_외교통상부 홈페이지 참조. www.mofa.go.kr.

일찍부터 시작한 한·중 경제협력 공동위원회 외에도, 한·중 산업 공동
위원회, 한·중 과학기술 공동위원회, 한·중 원자력 공동위원회, 한·중
해양과학 공동위원회 등이 있다. 이런 공동위원회의 기능은 정부 차원
의 협력을 모색하는 것이지만, 이를 통한 상호 관심사 연구는 양국의
학술 연구 기반을 마련하는 데 일조했다.

(1) 한국 정부의 학술 교류 사업

① 인문 사회 분야

한국 정부는 한·중 학술 교류 진흥을 위한 각종 국제 교류 사업을
진행하고 있다. 외교통상부 산하의 국제교류재단(Korea foundation)과
재외동포재단, 교육과학기술부의 한국학중앙연구원, 국립국제교육
원,[10] 문화관광부의 한국문화원과 국립국어원 등이 이런 사업을 추진
하는 기관이다. 사업의 추진 형태는 초기에는 한국어 육성에 집중했지
만 2005년부터는 사회과학 분야에 치중하는 쪽으로 방향을 바꼈으며,
최근에는 '신한국학' 개념을 도입, 지역학의 특수성과 분과 학문을 아
우를 수 있도록 각종 사업을 재편하고 있다.

한국국제교류새단은 학술 교류를 지원하는 가장 중요한 기관 중
하나이다. 중국의 경우 많은 대학원생들과 학자들이 이 기관의 프로그
램을 통해서 한국을 방문하고 연구할 수 있었다. 한국국제교류재단의

10_국제교육진흥원이 전신이다. 재외 동포 교육을 담당하고 정부 초청으로 외국인 장학생
　을 초빙하고 있으며, 학생 및 교원 국제 교류를 위한 활동도 하고 있다.

체한(滯韓)펠로우십의 경우 1992년부터 총 74개국의 학자 937명을 지원했는데, 이 가운데 중국 국적의 학자가 234명이나 된다. 전체 수혜자 중에서 24.97%가 중국학자들인 것이다.

국제교류재단에서는 체한펠로우십 외에도 한국어펠로우십, 한국 전공 대학원생들에 대한 장학 지원, 중국 교육자 한국학 워크숍을 통해서 한국어 연수부터 한국학 연구와 한국학 교육 분야까지 다양한 형식의 지원을 하고 있다. 국제교류재단의 지원으로 1992년부터 한국을 방문한 중국학자나 대학원생 혹은 교육 담당자의 숫자는 모두 1,373명이나 된다. 국제교류재단이 1995년부터 지원해 실시하고 있는 '중국 한국학 대회'는 초기에는 격년제로 열렸지만 지금은 매년 개최되고 있다. 이 학술 대회는 한국과 관련된 역사·문화, 사회·경제, 정치·외교, 종교·철학, 문학·예술 등 모두 5개 분과로 진행된다. 중국과 한국에서 학자들이 참가해 한국 관련 최신 연구 성과를 발표하고, 향후 한국학 연구의 주제, 내용, 발전 방향에 대해 토론하는 등 중국 내 한국학의 발전에 기여했다. 또한 국제교류재단이 주관하고, 한·중 양국 정부가 합의한 '한·중 공동 연구 프로젝트'는 한·중 관계를 평가하고 발전 방안을 제시한 보고서를 작성하기도 했다.[11] 교육과학기술부 소속으로 세계 한국학 진흥 사업을 추진하는 한국학중앙연구원에서도 해외 한국학의 보급과 진흥을 위해 각종 국제 교류 사업을 실시하고 있다.[12]

정부 차원의 학술 교류 중 두드러지는 또 하나의 기관은 고등교육

11_국제교류재단 홈페이지 참조. www.kf.or.kr.

12_한국학중앙연구원 한국문화교류센터 홈페이지 참조. http://www.ikorea.ac.kr.

재단이다. 고등교육재단은 국제 학술 사업의 일환으로 국제 학술 교류 지원 사업을 진행하고 있다. 아시아 국가의 우수한 학자들을 한국으로 초청해 한국 내 대학 및 연구 기관에서 학문 연구를 수행하도록 지원함으로써, 국제 학술 교류와 연구 협력을 활성화하고, 아시아 국가들의 학문 발전과 상호 이해를 증진하는 것을 목표로 한다. 초청 학자들이 한국에 체류하는 동안 한국인과 한국 문화, 한국 사회에 대한 이해의 폭을 넓힐 수 있도록 한국어 강좌를 운영하고, 문화 답사 여행, 산업 시설 견학, 한국학 특강 등 다양한 프로그램을 진행하고 있다. 지금까지 이곳을 거쳐 간 중국 학자의 수가 2011년까지 59개 대학과 기관의 455명에 달하고 있어 학자 교류의 규모가 가장 대대적이다.[13]

고등교육재단이 진행하는 또 다른 학술 교류 프로그램으로 아시아 연구 센터 지원 사업을 들 수 있다. 아시아 각국의 주요 대학 및 연구 기관에 아시아 연구 센터를 설립해 현지 학자들의 다양한 학술 활동을 지원하는 한편, 각 아시아 기관들 간의 유기적인 연구 협력 네트워크를 구축해 아시아 현지 학자들의 학문 연구를 진작시키고, 기관 및 지역 간 학술 협력을 강화하기 위한 것이다. 학술회의 지원 사업의 경우, 아시아와 세계 지식인 간의 학술적·인적 교류를 촉진해 인류 문명의 진보와 공동 번영에 기여한다는 목표를 가지고 있다. 이를 위해 매년 세계 각국의 석학과 전문가들을 초청해 인류가 안고 있는 제 문제들을 토론하고 대안과 방향을 제시하기 위한 국제 학술 포럼들을 지원해 오

13_고등교육재단 홈페이지 참조. www.kfas.or.kr. 이 프로그램을 거쳐 간 중국학자들이 이후 한국과의 학술 교류를 어떻게 발전시켜 가고 있는지에 대한 검토가 필요하다.

고 있다. 특히 문명·문화포럼인 '베이징 포럼'(Beijing Forum)과, 경제
전문 포럼인 '상하이 포럼'(Shanghai Forum) 등 세계적인 규모와 수준
을 갖춘 국제 포럼을 해외 대학과 협력하여 개최하고 있다. '베이징 포
럼 2011'이 2011년 11월 중국 베이징 댜오위타이(釣魚臺) 국빈관과 베
이징 대학에서 개최되었다. 베이징 포럼은 2004년에 창설된 이래 "문
명의 조화와 공동 번영"(Harmony of Civilizations and Prosperity for All)
을 대주제로 한국고등교육재단, 베이징 대학, 베이징 시 교육위원회가
매년 공동으로 주최하고 있는 학술 포럼이다. 8회째를 맞이한 2011년
베이징 포럼은 "전통과 현대, 변혁과 변화"(Tradition and Modernity,
Transition and Transformation)를 부제로 경제, 정치, 국제 관계, 도시,
역사, 예술, 교육 등의 분야에서 3백여 명의 전문 학자들이 참석한 가
운데, 인류 문명의 조화로운 발전과 당면 위기를 극복하기 위한 방안
에 대해 다양한 의견이 제시되고, 심층적인 토론이 이루어졌다.[14]

② 과학기술 분야
과학기술 분야는 정부의 지원하에 교류가 가장 활발하게 진행되는
분야이다. 한·중 수교 후 체결된 4개의 협정 중에서 한·중 과학기술
교류 협정은 과학 분야의 학술 교류를 증대시키는 중요한 계기가 되었
다.[15] 이 협정에 따른 협력 활동을 조정·촉진하기 위해 양국 정부가 지

14_베이징 포럼은 2014년에도 개최되었는데, 고등교육재단 홈페이지에 가면 년차별 베이
징 포럼의 내용을 파악할 수 있다.
http://www.kfas.or.kr/Multimedia/Photo0502.aspx?msgID=1648#sthash.66ZjQC
kV.dpbs

정한 대표로 '과학기술 공동위원회'를 구성했으며, 이 공동위원회는 매년 1회씩 양국에서 번갈아 개최되고 있다. 그리고 과학기술 협력을 촉진하기 위해 양국은 필요한 경우 정부기관·연구소·대학 및 기업체 간에 계획 및 사업의 조건, 추진 절차, 재정적 합의 및 기타 관련 사항을 규정하는 시행 약정을 체결했다. 이 협정에 따른 협력 활동을 위해 자국의 영토 안에 체류하는 상대방 국가의 국민에게 필요한 적절한 지원을 제공해야 한다고 명시했다.[16] 협정 체결 후 양국 간의 과학기술 협력 사업을 전담할 협력 기관으로 한·중 과학기술 협력 센터가 1992년 11월 설립되어 양국의 공동 연구 사업, 중·단기 인력 교류 사업, 국제 학술회의 및 다양한 형태의 공동 세미나 등을 지원했다. 1993년에는 동 센터의 베이징 사무소가 개소되어 양국 간 과학기술 정보 및 인력 교류의 촉매 역할을 담당하고 있다. 1994년에는 한·중 공동으로 첨단 기술 개발 자문 공사를 설립해 과학기술 분야의 협력과 교류 및 기술 개발 정보를 연결해 주는 중계 기구 역할을 하고 있다(과학기술처/과학

15_이 협정은 1992년 9월 30일 베이징에서 서명해 같은 해 10월 30일부터 발효되었다. 주요 내용은 양국이 긱기 자국 법령에 따라 호혜 평등의 기초하에 과학 및 기술 분야에서의 양국 간 협력을 장려·증진한다는 것이다. 협약에서 가리키는 협력은 과학자·연구원·기술요원 및 전문가의 교류, 과학 및 기술적 성격의 연구결과·기자재·간행물 및 정보의 교환, 과학기술 분야에서의 공동 세미나, 심포지엄, 기타 회의 및 훈련 사업 개최, 상호 관심 사항에 대한 공동 연구 사업 수행 등으로 되어 있다.

16_이 협정을 근간으로 과학기술 공동 위원회의, 실무 회의 등 다양한 과학기술 협력 활동이 전개되었으며, 여러 차례에 걸쳐 양국 '과학기술 장관 회담'을 진행했다. 과학기술 협력 전반, 청년 과학자 교환 연수 및 해양 과학 협력 등에 관한 양해 각서를 양국 정부가 체결했고 양국 연구 기관 사이에 공동 연구, 과학기술 인력 및 정보의 교류를 위한 수십 건의 개별 협력 약정을 체결하는 등 활발한 협력 사업이 추진되었다.

기술부 2010).

(2) 중국 정부의 학술 교류 사업

① 중앙당교

중국에서 이데올로기 전파 역할을 하는 중국공산당 중앙당교는 정부 차원의 한·중 학술 교류에서 중요한 역할을 하고 있다. 한국국제교류재단과의 협조와 지원하에 중앙당교는 2009년 '한반도와 동북아 협력'이라는 한국 관련 필수 과목을 개설했는데, 이는 중앙당교 역사상 처음으로서 한·중 학술 교류 확대의 새로운 길을 열었다고 볼 수 있다. 과목 및 특강의 개설은 단순히 강좌 개설에 그치지 않고, 세미나 개최는 물론 한반도와 동북아 협력에 관한 학술 연구 체제의 확대로 이어질 수 있다. 중앙당교는 2010년 한국에 대한 강의와 특강을 병행해 연수 중인 중·고급 간부와 대학원생에게 한반도와 동북아 협력에 대한 관심도를 더욱 높였다. 또한 해당 협력 프로그램을 통해 다수의 한국 학자를 초청해 한국 관련 강의·강연 기회를 제공했다.[17]

② 공자학원

공자학원(공자 아카데미)은 중국 정부의 학술 교류에서 전위 역할을 하는 중심 프로그램이다. 한국의 경우 비슷한 프로그램으로 세종학당

17_한국국제교류재단 홈페이지 참조.

을 들 수 있으나 중국에서의 학술 활동은 미미하다. 반면, 중국의 공자학원은 정부 주도라는 한계와 민족주의적 팽창에 대한 야심 등의 문제가 있지만 두 나라의 학술 교류에 중요한 매개 역할을 하고 있다. 중국어와 중국 문화의 보급을 목표로 삼고 있는 공자학원은 한·중 문화 교류 확대와 한·중 우호 증진을 위해 한국에도 진출했으며 한국의 공자학원은 중국 공자학원 총부와 협정을 맺어 설립된다.[18] 교류 내용으로는 한·중 문화/교육포럼, 중국어 말하기 대회 및 경연 대회 개최 프로그램, 중국어 학습과 문화 관련 자료 제공 프로그램, 중국 탐방 프로그램 등이 있다. 중국과 외국 고등교육기관의 합작 유형이 전체 공자학원의 90% 이상을 차지하고 있으며, 이외에도 현재 중국 국제방송국(國際廣播電臺)이 2007년 12월 개설한 방송공자학원(廣播孔子學院)과 중국 국가한판(中國國家漢辦)이 2008년 3월 개설한 인터넷공자학원(網絡孔子學院)이 각각 운영 중이다(주성일 2010).[19]

2009년 12월 현재 전 세계적으로 10개 이상의 공자학원이 설립된 국가는 한국을 비롯해 8개국에 이른다. 2004년 11월 한국의 한중문화협력연구원과 합작하여 세계 최초로 공자학원이 서울에 설립되었으며, 2010년 4월 경희대학교 국제 캠퍼스에 '경희대학교-중국 통지(同

18_중국교육부 홈페이지, "国家对外汉语教学领导小组简介" 참조.

19_2009년 12월 현재 공자학원은 아시아 28개국 70개소, 아프리카 17개국 21개소, 유럽 29개국 94개소, 미주 12개국 87개소, 오세아니아 주 2개국 10개소 등 총 88개국 282곳에 설치되어 있다. 국가한판은 국가한어국제보급지도위원회의 실무 담당 상설 기구로서 교육부가 직접 관리 운영하고 있다.
http://www.hanban.edu.cn/node_7447.htm.

濟)대학 공자학원'이 문을 여는 등 현재 한국에는 총 19곳에 달하는 공자학원이 있다.[20] 공자학원은 모든 학술 교류를 총망라하는 '공자학원 대회'를 열고 있다.

2) 한·중 민간 차원의 학술 교류 현황과 추세

(1) 학술 행사

인문·사회 분야의 민간 학술 교류는 수많은 연구 기관, 학교 등의 자발적 참여로 이루어지고 있다. 학술 교류는 서로에 대한 관심을 통해 상대방을 연구하는 것도 중요하지만 공동으로 연구할 주제를 찾아내고 긴밀한 관계를 갖는 것이 필요하다. 이는 역사적·문화적 유사성으로 양국 학자들이 동질감을 느끼고 함께할 연구 영역을 공유한다는 데 의미가 있다. '한·중 전문가 공동 연구 위원회'에 양국의 학자들이 대거 참여하고 있는 것도 한·중 교류 및 협력을 위한 공동 연구에 도움을 주고 있다. 한국의 대표적인 한·중 학술 교류 민간단체로는 사단법인 한중학술문화교류협회가 있다.[21]

한·중 학술계가 공동으로 포럼과 학술 심포지엄을 개최하고, 각종

20_주한 중국 대사관 관계자에 따르면, "지난 한 해 동안 한국 내 공자학원에서 2백여 개 과정이 개설돼 2만3천여 명이 강좌를 수강했으며, 4백여 개 교류 행사가 열려 연인원 16만여 명이 참여했다"고 한다(신경진 2010). 서울공자아카데미 홈페이지 참조. http://www.cis.or.kr.

21_한중학술문화교류협회 홈페이지 참조. www.kccea.com.

프로젝트 연구를 함께 진행하는 사례들이 늘고 있다. 한·중 학술 교류의 일환으로 진행되는 학술 행사는 민간 차원 학술 교류의 가장 중요하고 거대한 부분을 차지하고 있으며 그 수를 헤아릴 수 없을 정도로 많다. 소규모 세미나에서 대규모 심포지엄까지, 기업 연구 기관과 대학 연구소, 민간 연구소 등의 학술 교류 활동은 한·중 수교 이후 활발하게 진행되고 있다. 특히 중국 대학에 소재한 한국 연구 센터들은 국가발전연구원과 공동 혹은 단독으로 한·중 양국의 학계·재계·금융계 인사들을 대거 참석시켜 양국의 경제·사회와 문화 현안에 대한 학술 심포지엄을 열고 있다.[22] 한국에서도 중국 연구의 열기가 고조되어 각 기업은 물론 대학에 중국 관련 부설 연구소가 늘어나면서 각종 학술 활동과 회의를 개최해 왔다.

이렇듯 두 나라는 유명한 석학의 초청 강연이나 학술 방문, 연수 등 여러 가지 방식으로 한국과 중국의 많은 학자들이 상호 방문을 통해 학술 교류를 넓혀 가고 있다.[23] 2009년 7월 학술진흥재단의 학회 정보 통계를 보면, 2005년부터 2009년 사이 5년 동안 중국과 학술 교류를 진행한 학회와 연구 기관은 모두 각각 389건와 1,296건이었다.[24]

22_2000년대 초까지만 해도 한국과 중국의 학회나 연구 기관의 학술 교류는 한국이 대부분 재정을 부담했다. 하지만 이제는 중국의 대학이나 연구 기관의 경제적 상황이 크게 개선되면서 중국으로 초청하는 경우 중국 측에서 재정을 부담하고, 한국을 방문하는 경우에도 중국 측에서 교통비 정도는 부담하는 형태로 발전했다.

23_한중논단, 한중문화학술회의 등 여러 가지가 있다.

24_물론 이 기간 동안 학회와 연구 기관들이 미국과 진행한 학술 교류가 각각 797건과 1,908건, 일본과의 학술 교류가 각각 418건과 1,761건으로 중국보다 많다. 하지만 중국의 경우 단기간에 학술 교류가 괄목할 만한 증가를 보였다. 학술진흥재단(현 한국연구

매년 한국과 중국에서는 민간 차원에서 상대 국가와 관련된 각종 국제 학술회의, 세미나, 포럼이 열리고 있다.[25] 학술 교류는 학문적 범위에 그치지 않고 문화산업 방면으로 확장되었다. 한·중·일 문화 산업 논단, 한·중 문화 산업 세미나 등이 실시되면서 문화 교류 산업의 학문적 기반을 마련하려는 노력이 빛을 발하고 있다.

(2) 학술 교류 기관

한국과 중국에는 상호 학술 교류를 위한 다수의 민간 연구 기관과 연구 인력이 존재한다. 즉 중국에는 수많은 한국학 연구 센터가 있으며 한국에도 수많은 중국학 연구 센터가 있다. 학술 교류를 위한 연구 기관은 기업, 민간 연구소, 각 대학으로 크게 분류할 수 있다. 현재 중국에는 한국학 연구소와 연구 센터가 70여 개 정도라고 알려져 있다.[26] 학술 교류에서 대학이 차지하는 역할은 매우 크다. 1991년 4월 베이징 대학에 한국학 연구 센터가, 1992년 10월 상하이 푸단 대학과 산둥 대학에 이어, 1993년 4월에는 항저우 대학에 한국연구센터가 설립되었

재단) 홈페이지 참조. http://www.nrf.re.kr.

25_예를 들면, 2008년 11월 중국 저장(浙江) 대학에서 개최한 제9회 '한국전통문화국제학술토론회'는 중국의 한국학 연구의 범위와 깊이를 반영하는 학술 행사였다. 2008년 개최된 1차 '투먼장(图们江) 학술 토론'의 경우 한국의 독립운동 연구 및 북한 문제를 아우르는 한·중 학술 교류의 가능성을 보여 주었다(徐文吉 2008, 47).

26_칭다오(青島) 대학, 난징(南京) 대학, 원조우(溫州) 대학, 화둥(華東)사범대학, 중국해양대학, 산둥사범대학, 중산(中山) 대학 등의 대학과 저장성 사회과학원, 산둥성 사회과학원 등 연구 기관에도 한국 관련 연구소가 설립되어 있다(朴光海 2009, 14; 蔡美花 2008).

다. 그해 5월 랴오닝 대학에서는 한국학과와 한국연구센터를 동시에 만들었다.[27] 이들 센터에서는 한국학 연구 강좌를 개설하고 한국학 관련 최신 연구 성과들을 소개하고 있다. 베이징·상하이·산둥·동베이 지역 등 동북·화북에 집중되었던 한국학 연구 센터는 점차 남부와 중서부로 확산되었고 화동 지역에도 소수의 새로운 한국 연구 학술 기구들이 만들어졌다. 아시아 연구 기구나 동북아 연구 기구 안에 포함된 한국 연구 센터를 합하면 수는 더 많아진다. 이 중에서 중요한 역할을 하는 한국학 연구소로 베이징 대학, 푸단 대학, 저장 대학, 옌볜 대학, 랴오닝 대학, 산둥 대학, 중국어언문화대학, 난징 대학, 중산 대학 등의 한국 연구 센터(연구 중심)를 들 수 있다. 대학에 소재한 한국학 연구 기구들은 북한과 한국의 정치·경제·역사·문화 연구를 진행 중이며 한국의 학술 기관과 밀접한 교류와 협력을 하고 있고 중국에 한국을 연구하고 소개하는 데 중요한 역할을 하고 있다.

마찬가지로 한국에서도 중국 연구 열기가 날로 고조되었으며 중국학 연구에 종사하는 기관이 헤아릴 수 없이 많아졌다. 현재, 한국 대학과 민간·정부 부처에 설립된 중국 연구 기관은 1백여 개가 넘는다. 한국의 중국 연구 센터는 정부 차원, 기업 차원에서 설립된 것 외에도 민간 차원의 중국 관련 연구소가 부지기수이며 한국 대학의 중국 연구 기관은 1995년 정부의 세계화 정책 이후 중국 관련 학과가 설립되면

27_2004년 베이징 대학 한국학 연구 센터에는 30여 명의 전임과 겸임 연구원이 근무하고 있었으며 한국학 총서를 발간한 바 있다. 상하이 푸단 대학은 54명의 전임, 겸임 연구원이 있었고 한국 임시정부 및 근대 한·중 관계와 당대 한국에 대한 연구를 진행했다(沈定昌 2004, 1; 팡슈위 교수와의 인터뷰, 2007/12/13).

서 그 수가 증가했다. 또한 한·중 상호 간의 관심 증대는 양국 엘리트 계층의 교류를 진작시키는 결과를 가져왔다. 먼저, 한중문화협회, 한중우호협회, 한중문화우호협회, 한중친선협회, 21세기 한중교류협회, 한중경영인협회, 한중문화청소년협회(미래숲), 한중여성교류협회 등 양국 간 교류 및 협력을 촉진하기 위한 관련 협회들이 다수 있다. 그리고 경제, 문화 예술, 정치, 종교 등 분야에서 이들 협회 또는 기타 유관 단체들이 주관하는 각종 형태의 한·중 포럼이 정기 및 부정기적으로 개최되고 있다. 그밖에 각 대학 전공 학과, 부설 연구소, 각종 학회, 정부 출연 및 민간 연구소가 주체가 되어 중국의 해당 분야 연구 기관들과 공동으로 추진하는 여러 형태의 학술회의들도 갈수록 늘어나는 추세이다(전성흥 2010, 179-196).

(3) 학술 교류 인력

한·중 학술 교류의 인력을 배양하는 곳은 대학과 연구소다. 중국의 경우 한국 연구 인력은 한국어를 교육하는 20여 개 대학의 교육과정에서 배출되거나 한국에서 유학을 마치고 오는 경우다. 2009년 한국에 유학중인 석사과정 유학생은 7,113명, 박사과정 유학생은 1,346명이었으며 중국에서 한국학 석사과정 재학생은 5,422명, 박사과정 재학생은 총 1,416명이었다. 1997년에서 2009년 사이에 중국 대학에서 한국 관련 박사 학위논문은 모두 112편으로 이는 13년 동안 년 평균 8.6명이 박사 학위를 받은 것이다. 한편 석사 학위논문은 1993년부터 2009년 사이에 모두 1,123편이 작성되었다. 1999년 까지는 37권에 불과했는데 2000년대 이후 1,086편이 만들어진 것이다. 다시 말해서 석사를 기준으로 할 경우 2000년대 이후 중국에서 매년 평균 약 108

명의 한국 관련 전문가가 배출되었다고 추론할 수 있다.[28]

한국 대학에 중국 관련 학과는 2009학년도 기준, 모두 123개 대학에 설치되어 있다. 그 이외에도 전문대학에 중국학과가 설치된 곳이 44개로 모두 합하면 167개다(『중앙일보』 2009/09/28). 2006년까지 '중국'이라는 명칭을 가진 학과를 중심으로 각종 형태의 대학원 석·박사과정은 총 122개 석사과정과 26개 박사과정이 설치되어 있었다. 2008년을 기준으로 석사과정 재학생 25만6,085명(104만6,429명 중), 박사과정 재학생 5만386명(23만6,617명 중)이 중국 관련 전공을 하고 있다.[29] 한국의 중국 관련 학위자뿐만 아니라 지난 18년 동안 중국에서 학위를 받고 한국연구재단에 신고된 1,005명과 타이완에서 학위를 받고 신고한 365명 등 모두 1,370여 명의 박사들이 사실상 중국 전문가라고 할 수 있다.[30] 2009년을 기준으로 각급 대학원을 보면, 석사과정을 기준으로 할 경우 전체 대학원 전공 개설 수의 12.2%에서 '중국' 관련 대학

28_예를 들면 한국 연구의 본산이라고 할 수 있는 옌볜 대학의 경우 근 20년 동안 한국학 박사 1백 명, 석사 5백 명을 배출했다. 현재 옌볜 대학 조선-한국학 대학원의 경우 석사생이 136명, 박사생이 49명이다(이규태 외 2010). 중국의 학술 논문 검색 사이드인 萬方數据庫(http://www.wanfangdata.com.cn) 참조.

29_교육통계서비스(http://cesi.kedi.re.kr), 中國敎育部敎育統計(www.moe.edu.cn) 참조. 한국 대학의 주요 국가·지역 관련 학과 현황을 보면 중국·중국어 관련 학과가 167개로 미국·영어 관련 학과 155개, 일본·일본어 관련 학과 112개에 비해 큰 비중을 차지함을 알 수 있다. 한국대학교육협의회 홈페이지 참조. http://www.kcue.or.kr

30_2001년에서 2009년 사이 한국에서 '중국'과 관련된 학위를 취득한 사람은 평균 56.78명이었지만 한국연구재단에 중국에서 박사 학위 취득 신고 건수는 평균 77.78명이었다. 2010년 현재, 한국의 중국 관련 국내 박사 및 외국 박사 현황을 보면 국내 박사 828명, 중국 대륙 박사 1,005명, 타이완 박사 365명, 홍콩 박사 3명으로 총계는 2,201명이었다.

원생을 배출하고 있다. 2010년 교육과학기술부에서 제공하는 대학원 전공(입시) 현황에 따르면, '중국'이라는 명칭을 사용한 각종 대학원 전공과 국제지역이나 국제학, 혹은 동아시아(아시아태평양·동북아 포함) 학과나 전공의 총수는 모두 170개나 된다(이규태 외 2010). 이들이 정도의 차이는 있지만 모두 중국과 관련된 인재를 배양하는 중요한 교육기관들이라고 할 수 있다. 이 기관들에서 배출하는 중국 관련 전문가 양산 추세는 한·중 관계가 안정적으로 유지되는 한 당분간 지속될 것이다.

(4) 학술 교류의 결과물

학술 교류는 학술 행사에 그치지 않고 결과물을 출판함으로써 연구결과를 축적하게 된다. 양국에서 출판되는 상대국 관련 서적 및 자료들은 나날이 증가하고 있다. 한국 교과서에서는 중국에 대한 표현이 적대 관계에서 선린 우호 관계로 바뀌었고 중국에 대한 상당 부분이 수정되었다. 1993년부터 한·중 도서 문화전이 열렸고, 1994년에는 베이징 대학 도서관과 서울대 규장각 양 기관이 교류 문제를 논의하기 시작해, 상호 소장 자료의 목록 비교를 통해 소장 자료의 유무를 확인하고 필요로 하는 자료에 대한 지원도 하고 있다.

비공식적인 통계에 따르면, 1992년부터 2005년까지의 14년 간 중국에서 출간된 한국과 관련된 출판물(전문 서적, 번역 서적, 편집 저술 서적, 사전 등 포함)은 1,336부에 달하며, 각종 공식 발간 잡지에 실린 한국학 연구 관련 논문은 5,765편에 달한다.[31] 1945년에서 2009년까지의 통

31_1945년에서 1999년까지 55년간 연구 성과는 5,668건(40.1%), 2000년에서 2009년까

계를 보면, 중국에서 한국 관련 연구는 총 1만4,119건으로 나타났다. 자료 유형별로 살펴보면, 단행본 2,440건(17.3%), 석사 논문 1,123건 (8.0%), 박사 논문 112건(0.8%), 학술지 논문 1만444건(74.0%)이다(이규태 외 2010).[32] 베이징 대학 한국학연구센터는 한국학과 관련된 전문 서적과 역서를 50여 종 출판했으며 중심 학회지인 한국학 논문집을 간행하고 있다. 이 학술지는 중국의 한국학계에서 가장 영향력 있는 학술 전문지 중 하나이다. 또 하나 중국에서 한국을 소개하는 유명한 잡지로는 사회과학원 한국연구센터에서 나오는『당대한국』(當代韓國)이 있다. 1993년 12월부터 2011년 겨울 호까지『당대한국』은 총 71기 출판되었고 각종 한·중 학술 관련 문장이 수천 편에 달한다.『당대한국』은 창간호부터 각종 한국학 관련 회의를 보도해 왔다. 베이징 대학 한국학연구센터 등 한국학 연구 기관의 학자들이 모여 출간한『한반도관련문헌목록』(1992~2005)에는 2005년 이전 한국 문제 연구 논문, 저작에 대한 총정리를 해 한국학 연구의 성과가 전반적으로 잘 드러나 있다. 푸단 대학 한국연구센터는『한국연구논총』(韓國硏究論叢)을 출간하고 있는데 이 학술지는 중문사회과학 인용색인(CSSCI, Chinese Social Sciences Citation Index)에 들어갔고 중국 국내 최초로 CSSCI에 들어간 한국 연구 출판물이 되었다. 동시에 한국 학자의 글을 번역하는 숫자도 대폭 증가했다.[33] 이렇듯 각 대학의 한국연구센터 논문집과『당대

지 10년간의 성과는 8,451건(59.9%)으로 후반 10년의 성과가 전반 55년간의 성과를 추월했다(沈定昌·劉大軍 主編 2008; 이규태 외 2010).

32_중국으로 검색할 수 있는 학술지는 이 책의 〈표 3-1-1〉에서 나타나듯이 등재지 21종, 등재 후보지 9종으로 모두 30종이다.

한국』 등 총서와 학술 연구지가 전국 범위에서 출판·발행되고 있다. 중국은 다양한 학술 결과물을 통해 한국에 대한 비교 분석을 진행하고 있다.

한국에서 중국에 대한 연구는 1945년에서 2009년까지 총 43,114건으로 나타나며, 그 중 도서 단행본 5,680건(13.17%), 석사 논문 6,970건(16.17%), 박사 논문 794건(1.84%), 그리고 학술지 논문 2만9,670건(68.82%)으로 집계되었다. 총체적으로 2000년대 들어 중국에 대한 연구가 크게 증가했으며 한국학계나 전문가들의 지역연구의 주된 대상이 중국으로 바뀌었다는 것을 알 수 있다.[34] 2010년 9월 말 현재 국회도서관 전자도서관에서 검색 가능한 학위논문 중에서 '중국' 관련 논문이 총 662건으로 일본(191건)이나, 미국(104건)보다 압도적으로 높다.[35] 이는 중국에 대한 학계의 관심이 지속적으로 늘어나고 있다는 방증이기도 하다. 또한 주목할 것은 한·중 학술 교류에서 석·박사 논문의 증가를 들 수 있다.[36] 한국의 중국 관련 대표적 학술지로는 『중소

33_ 예를 들어 2006년 중국 국내에 번역된 한국 학자의 저작은 60여 편에 달했다.

34_ 국회도서관 전자도서관 검색 시스템을 이용하여 검색한 목록을 재분류한 결과, 중국에 대한 연구는 2만8,868건으로 미국에 대한 연구 2만223건보다 많았고, 일본에 대한 연구 성과인 2만5,838건도 넘어섰다(이규태 외 2010).

35_ 석사 논문의 경우 중국 유학생들이 급속하게 증가하면서 이들이 쓴 한글 논문의 비율도 증가했다. 정확한 조사가 필요하지만 논문 작성자의 이름을 기준으로 보면 2009~2010년의 경우 최소한 40% 이상이 중국인 학생들의 논문으로 추론된다.

36_ 2006년에서 2008년 동안 한국학 석·박사 논문은 문사철이 186편, 경제와 경영이 1백여 편, 정치·군사·법률이 63편, 교육과 사회과학이 26편에 달했다. 2008년 4월 국내에 체류하는 중국인 석사과정 재학생이 5,072명, 박사과정 재학생이 1,296명이며, 그중에서 인문 사회 계열을 전공하는 중국인 학생이 석사과정에 3,344명, 박사과정에 545명이었

연구』(한양대 아태지역연구센터), 『중국학연구』(중국연구학회), 『현대중국연구』(현대중국학회), 『성균차이나브리프』(성균관대 성균중국연구소) 등 수를 헤아리기 어려울 정도로 많으며 이를 통해 중국에 대한 학술적 연구를 진행하고 있다.

(5) 한·중 대학 간 교류

현재 한국의 140여 개 대학과 중국의 150여 개 대학이 학교 간 국제 교류 및 협력을 체결한 상태이다.[37] 양국은 대학의 엘리트 인재 육성 및 하이테크 과학 연구 분야의 협력을 강화하기 위해 대학 상호 윈-윈 협력 메커니즘을 도입하고 다양한 형태의 총장 포럼 및 주제 발표 학술 포럼을 개최하고 있다. 양국의 대학은 교과과정, 과학기술 연구, 학술 활동, 교환교수, 공동 교육 등의 영역에서 전 방위적 교류와 협력을 하고 있다.

중국과의 관계가 진전됨에 따라 한국 내에서 중국어 학습 열기가 날이 갈수록 상승하고 있는데, 이는 소위 '중국 열풍'(漢風)의 대표적 현상이라고 할 수 있다. 사설 학원 내 중국어 강좌도 크게 늘어났지만 제

다. 이들 대부분은 한·중 관계나 중국 관련 주제로 논문을 쓴 것으로 보인다. 2009년 출입국 외국인정책본부의 통계에 따르면, 국내에 석사과정 재학 자격으로 체류하는 중국인 학생의 숫자가 모두 6,406명, 박사과정에 재학하는 학생이 1,165명으로 늘어났다. 앞으로도 이들 중국인 유학생의 학위논문에서 중국과 관련된 주제가 절대다수를 점할 것으로 보인다(이규태 외 2010).

37_1995년 베이징에서 한·중 교육 교류 협력을 체결한 이래 1998년 4월 다시 교육 교류 협력을 맺었고, 대표단 교류, 유학생 교류, 학술 교류, 외국어교육 등에 대한 규정을 만들어 양국의 교육 교류 및 협력의 기틀을 마련했다.

도권 내 교육기관에서의 중국어 교육도 크게 신장했다.[38] 예를 들면 1978년 중국의 개혁 개방이 시작되기 전까지 중국에 대한 연구는 시(詩)나 고전소설 등 중문학 위주의 교육이었다. 그러나 한·중 수교 이후 어학뿐만 아니라 지역학을 중심으로 한 중국 관련 학과의 설립과 교과과정 개편 붐이 일어나 다양한 명칭의 학과와 전공이 빠른 속도로 늘어났다. 이는 한·중 대학 간 교류를 활성화시키는 밑거름이 되었다. 2010년 9월 현재 한국 대학이 중국과 체결한 자매결연은 2,068건으로 미국과 체결한 1,634건보다 월등히 많아졌다(문흥호 2011). 대학 간의 학술 교류는 교수 및 전문가들 사이의 연구 교류를 동반했으며, 다양한 연구 성과로 남았다.

4. 문화 예술 교류의 현황과 추세

한·중 문화 교류에서 문화 예술 교류는 가장 큰 비중을 차지하고 있다. 한국의 문화가 중국에 처음으로 소개된 것은 1997년 베이징 음악 방송국에서 정기적으로 1시간씩 중국어로 진행하는 프로그램 〈서울 음악실〉을 통해 한국 가요를 방송하면서부터였다. 이 음악 프로가 잔잔한 반향을 일으키면서 한국에 대한 이미지가 크게 개선되기 시작했다. 1997년부터 중국과 타이완·홍콩·싱가포르·베트남 등 동아시아 전역

38_ 이뿐만 아니라 중국 대학에서 한국어 교육 열기도 고조되었다(金秉運 2008).

에서 나타나기 시작한 '한류'와 더불어, 한국에서 대중적 인기를 얻은 바 있는 드라마 〈사랑이 뭐길래〉가 중국의 중앙방송에서 방영되었다. 이 드라마는 수입 외화 방영 역사상 시청률 4.3%, 2위라는 놀라운 기록을 수립했다. 이어 수많은 한국 드라마들이 중국 각 지역에서 방송되면서 큰 인기를 끌었다.[39] 대중음악 분야에서도 H.O.T, 클론, SES, 디바 등 한국의 대표적인 댄스 음악 가수들이 콘서트 및 음반, 뮤직 비디오 등 다양한 경로를 통해 중국인들에게 널리 소비되었다. 한국의 영화도 중국에 소개되어 좋은 반응을 얻었고, 드라마·대중음악·영화 등을 통해 인기를 얻은 한국의 연예인들이 중국 현지 광고에까지 출연하게 되었다. 문화 상품 중에서도 대기업의 전자 제품, 화장품, 미용, 축구, 그리고 김치 등의 음식은 문화 교류가 경제적으로 어떤 효과를 가져오는지를 보여 주었다(백원담 2005, 390-393; 강유정 외 2006).

그러나 한·중 문화 예술 교류는 표면적으로 보기에 한국 문화의 절대적인 중국 유입으로 보이지만 실제로 중국의 문화는 이미 한국에 상당히 일상적으로 스며들어 있으며, 수교 이후 중국과의 문화 예술 교류는 한국 사회에 중국에 대한 호기심을 새롭게 불러일으켰다. 중국어와 중국 연구에 대한 관심, 중국 여행 시장의 대폭 성장, 미미하지만 중국 영화와 중국 드라마에 대한 관심은 문화 예술 교류가 일방적일 수 없음을 보여 주었다.

39_이는 중국 사회에 '한국 마니아'라는 뜻의 하한족(哈韓族)을 만들어 냈다(김현미 2005, 238-241; 이민자 2006, 96-97).

1) 정부 주도의 문화 예술 교류 현황과 추세

문화산업 교류 행사는 크게 정부 주도와 민간 주도로 구분할 수 있다. 한·중 정부는 수교 이후 문화의 해, 문화의 주, 문화 체육 교류의 해 등 다양한 대규모 행사를 개최해 왔다. 2002년 한·중 수교 10주년, 2007년 한·중 수교 15주년을 한·중 교류의 해로 기념하기 위해 행사를 벌였다. 2006년 중국 국무원 신문판공실(新聞辦公室)과 한국 국정홍보처가 "감지중국 한국행"(感知中國, 韓國行)이라는 이름의 문화 활동을 거행한 바 있고 중국 정부는 2007년 47개 교류 항목을 정하고 대다수를 문화 예술 교류 항목으로 지정했다. 2007년 4월 개막된 "감지중국"은 비교적 대규모 행사였는데, 한국은 중국에서 한국 전통 음식 문화전, 한국 영화전 등을 개최했다.[40] 이 행사는 2월 개막식에서 12월 폐막식까지 다양한 활동이 전개되었다. 사진전, 예술 공연, 언론문화포럼, 경제포럼 등 다채로운 행사가 서울에서 열렸고 중국 측에서는 170여 명의 예술단이 한국을 찾았다. 중국 중앙민족악단을 시작으로 티베트 민족가무단, 소림사 무승단(武僧團)도 공연을 했다. 이 행사에서는 풍부하고 다양한 형식으로 양국 수교 이후 각 영역의 우호 교류와 협력을 돌이켜 보고 폭넓고 다채로운 중국 문화를 보여 주었다.[41] 이 밖에도 중국어 말하기 대회, 한국 음식 홍보 행사, '한(韓) 스타일 소개전'이 열렸고, 7, 8월에는 베이징과 칭다오(青島)에서 한국 창작 뮤지컬이

40_외교통상부 2007년 한·중 교류의 해 기념행사 일람표 참조(문화홍보원 사이트 www.hanguo.net.cn).

41_"감지중국"은 1999년부터 중국 정부가 중국 문화를 세계에 알리기 위한 일환으로 프랑스·이탈리아·브라질·일본 등지에서 실시하고 있는 문화 행사이다.

표 2-2 | 2007 한·중 교류의 해 행사 목록

시기		행사	장소	행사 내용
4월	10일	'한·중 교류의 해' 개막식	서울 국립중앙극장	원자바오 중국 총리 참석
	14일	중국어 말하기 대회	서울 중앙대	초중고 대학 일반부
5월		한국 음식 홍보	베이징	
		한국 여성 지도자 중국 방문	베이징 등	
	25~27일	한(韓) 스타일 소개전	상하이	한국의 전통 복장, 가옥 소개
6월		상하이 코리아센터 개원 문화 행사	상하이	
7~8월		한국 창작 뮤지컬 중국 순회공연	베이징, 칭다오	
		한국 유물 중국전	중국 산시역사박물관	통일신라시대 유물 1백여 점 전시
		청소년 중국 문화 탐사	중국	항일 유적지 방문
8월	23일	차이나 필하모닉 오케스트라 내한 공연	서울 예술의전당	
9월	20~26일	한국 창극 공연	상하이	창극 〈청〉(淸) 공연
9~10월		중국 경극 공연	서울 국립중앙극장	
		한·중 문화 예술인 상호 답사 기행	한국, 중국	
10월		중국 여성 지도자 한국 방문	서울, 제주 등	
10~11월		한·중 여성 양국 언어 이야기 대회	한국과 중국	
12월		'한·중 교류의 해' 폐막식	베이징 인민대회당	

자료 출처: 외교통상부

순회공연을 마쳤다. 중국 정부가 계획한 47개 교류 행사에서 대부분이 문화 예술 교류에 속했다.[42]

2008년 한·중 양국은 상하이 엑스포, 여수 에스포 등을 게기로 2010년과 2012년을 다시 각각 '중국 방문의 해', '한국 방문의 해'로 정

42_한·중 우호의 밤은 매년 열리고 있지만 변죽만 울리는 경우가 많다. 사회주의 중국의 상징인 인민대회당에서 개최되고 중국 문화 산업의 총아인 가화집단(歌華集團)이 지원하지만 한국이 거의 모든 비용을 대는 형태다. 이를 두고 21세기판 문화 조공이라고 부르는 사람도 있다.

할 것에 합의했다. 이를 통해 문화 예술단의 상호 방문 공연, 전시, 학술, 청소년 교류, 관광, 체육, 사회과학, 영화, 텔레비전, 방송, 신문 출판, 도서관, 박물관 등 영역에서 다양한 국가 주도 행사를 추진했다. 한국은 정부 차원에서 중국 전문 채널인 HAO TV, CHINA TV, 중화 TV를 개설했고 중국에도 한국 문화 전문 채널이 만들어졌다.

정부에서 주도하는 한·중 문화 예술 교류를 일본으로 확대한 '한·중·일 문화 셔틀 사업'(Northeast Asia Cultural Shuttle Project)이 있다. 한·중·일 문화 셔틀 3차 사업인 '2009 한·중·일 유스 페스티벌'이 2009년 7월에 홍대 어울림마당길에서 개최되었다. 2007년 6월 제1차 한·중·일 외교 장관 회의에서 정례적인 문화 행사를 위한 '한·중·일 문화 셔틀 사업'에 합의했으며 2007년 제1차 사업으로 부산 국제영화제 기간 중 '한·중·일 영화전'이, 2008년에는 '꾸밈과 갖춤의 예술, 장황전'이 개최되었다. 2009년 페스티벌은 '한·중·일 청소년 우호 만남'과 연계하여 청소년 밴드 팀들의 공연과 생태주의 뮤직 퍼포먼스 그룹 '노리단'의 거리 퍼레이드 등이 개최되었으며, 3개국 청소년 참가자들이 가져온 전통 의상과 소품 전시 행사도 함께 마련되었다.[43] 3개국 청소년들과 일반인들에게 3국의 문화에 대한 체험과 교류의 장을 제공함으로써 서로에 대한 이해와 친근감을 높이고 역내 문화 협력의 기틀을 만드는 데 기여하고자 계획되었다.

43_한·중·일 문화 셔틀 사업 웹사이트(http://www.mofat.go.kr/webmodule/ htsboard /template/read/korboardread.jsp?typeID=6&boardid=235&seqno=323316) 및 한국 문화체육관광부 홈페이지(http://www.mcst.go.kr) 참조.

정부의 문화 교류는 중앙정부 차원만이 아니라 지방 정부 간 협력과 교류에서 더욱 확연하게 나타난다. 처음에는 서울, 베이징, 상하이 등 대도시를 중심으로 진행되다가 현재는 한국의 지방 도시와 중국의 각 성 단위로 다양하게 펼쳐지고 있다. 2007년 통계에 따르면 한국과 중국 115쌍의 도시들이 협력, 결연 관계를 맺었으며 현재 서울과 베이징, 부산과 상하이, 경상남도와 산둥 성 등 한국의 시도 지자체와 중국의 성시 지자체 간 우호 결연 사례가 116건에 달한다. 이들은 각기 한국영화제, 중국영화제, 한국우호절 등의 행사를 정기적으로 진행하고 있다. 지난 2010년 4월에는 부평구와 랴오닝 성 후루다오(葫蘆島) 시 사이에 제11회 한·중 문화 예술 교류가 열렸는데, 이는 이 두 도시가 1997년 결연을 체결한 후 꾸준히 이어오고 있는 주요 교류 활동이다. 양국의 중앙·지방 정부와 지자체 단위는 이처럼 한·중 양국의 문화 예술 교류를 활성화하여 정서적인 연대를 만들고 이를 다른 분야의 실질적인 교류로 확대해 나간다는 공통된 목적하에 다양한 활동을 지속하고 있다.

상호 문화산업을 배우고자 하는 정책적 활동들도 많이 눈에 띄는데, 일례로 2012년 4월에는 중국 하얼빈 시 문화산업 시찰단이 문화산업 관련 기관 방문 및 상호 교류를 모색하고자 대구시를 방문했다. 하얼빈 시는 2008년 중국 문화산업 중심 도시로 선정되어 문화산업을 중점적으로 육성하고자 공연, 게임, 캐릭터, 기업 문화, 의약 분야에 진출할 의향이 있는 기업가와 하얼빈 시 문화국 관계자 등으로 문화산업 조사단을 구성했다. 이 두 도시 간의 교류는 지난 2008년 대구국제뮤지컬 페스티벌의 폐막작으로 선정된 〈버터플라이즈〉의 제작사인 중국의 문화 기업 송레이(松雷) 그룹과의 인연으로 시작되었으며, 한 편의 뮤지컬을 시작으로 한·중 교류가 게임, 기업 문화, 의약 분야 등 산업 전반으로 확대되는 양상을 보였다.[44] 그 밖에도, 한국문화콘텐츠진흥원, 한국방송공사(kobaco) 등의 정책 기관이 베이징에 사무소를 두고 문화 예술 교류를 추진하고 있다.

2) 민간 주도의 문화 예술 교류 현황과 추세

현재 양국의 문화 예술계는 매년 약 2백여 개, 2천여 명에 달하는 상호 방문단을 파견하고 있다. 한·중 수교 10주년이었던 2002년 양국 정부는 "한·중 수교 10주년 기념 : 한중 국민 교류의 해" 활동을 시작했으며, 2000년대 중반에는 다양한 기념 활동이 정점에 이르면서 민간 교류가 더욱 활발하게 진행되었다. 민간 주도의 문화 예술 교류는 민간단체, 민간 인사 및 사회 엘리트들의 적극적인 역할을 통해 진행되며 이들은 한·중 양국의 교육·문화·경제·예술·과학 분야의 교류 협력을 위해 노력해 왔다.[45]

민간의 한·중 문화 예술 교류를 통해 서로의 문화가 매우 빠르게 번졌고 지속 시간도 상당히 긴 편이었다. 한·중 문화 예술 교류는 그

44_한국의 각 지방자치 정부 홈페이지를 검색하면 중국 도시와의 자매결연 활동 상황을 알 수 있다.

45_한중문화협회는 1942년 중국의 임시 수도인 충칭에서 저우언라이, 조소앙 등 한·중 고위층 인사들이 모여서 설립한 것으로 한·중 문화 예술 협력의 상징으로 불린다. 매년 설날 15개 한중문화협회 지회가 각 지역에서 특별 행사를 개최하여 각 지역의 유학생들을 초청해 양국의 차세대 지도자, 대학생 간의 친선 교류를 하고 있다.

수준·방법·형식·내용도 매우 다양하다. 초기 한·중 문화 예술 교류는 유학·불교·도교·문학예술·제도 방면의 교류에 한정되었으나 현재 광범위하게 확장되어 음악·댄스·방송·텔레비전·영화·미술·체육부터 미용과 화장·복식·교육·출판·도서관·박물관·여행 등 다양한 분야에서 교류가 이루어지고 있다. 문화 예술단이 서로 왕래하고 대형 주제를 통한 전람회가 열리는가 하면, 각종 문화 대표단, 시찰단, 예술단 등이 서로 교류하고 있다. 여기에서는 민간 주도의 한·중 문화 예술 교류 현황과 추세를 분야별로 간략히 검토하고자 한다.

(1) 체육 분야

문화 예술 교류 영역에서 가장 먼저 시작된 것이 1980년대 시작된 체육 문화 교류이다. 한·중은 두 차례의 비행기 납치 사건을 계기로 접촉을 시작했고, 1983년 한·중 체육계 인사들이 아시아 배구협회를 통해 홍콩에서 친선 경기를 치렀다. 이후 1986년에 개최된 서울 제10회 아시아 올림픽과 1988년 서울 세계 올림픽에 중국은 선수단을 파견했고, 1990년 베이징 아시아 올림픽에 한국 대표단이 대규모로 참가했다. 한·중은 농구, 축구, 열기구, 소림사 무술 등 각종 스포츠 분야에서 서로 빈번하게 왕래하며 교류하고 있다(張連鋒 2009).

(2) 공연 예술, 음악, 영상(영화) 분야

문화 예술 교류에서 가장 큰 범위를 차지하는 것은 공연과 전시 행사다. 두 국가가 공동으로 주최하는 행사와 더불어 양국의 문화, 공연 예술단이 정기적으로 상대국을 방문하고 있고 각종 대규모의 전람회와 공연이 개최되고 있다. 현재 양국을 매년 상호 방문하는 문화 대표단, 시찰단, 예술단, 전시 단체는 대략 1백여 개 정도로 연인원이 수천 명에 달한다. 공연을 통한 문화 예술 교류에서 한국을 방문하는 중국 단체 중에는 경극, 서커스, 교향악, 가무극, 인형극, 연극, 어린이 가무극 등이 있고 전람회의 경우는 서화에서 고화 진품 전시회, 한·중 서법과 전각 전람회, 한·중 회화 전람회, 진시황 병마용, 돈황 벽화, 고대·현대 자수, 진주·패각 세공품, 중국문화대전 등 수를 헤아릴 수 없다. 중국 국가급 예술단인 동방가무단, 민족 악단, 인민예술연극단, 서커스단(雜技團)과 한국 국가급 예술단인 국립발레단, 국립무용단, 국립오페라단, 국립악단 등 수준 높은 대형 예술단들도 상호 방문 공연을 통한 문화 교류를 진행하고 있다.[46]

음악 교류에서 한·중 간 전통음악 교류는 상당히 소원한 편이다. 그 대신 현대음악 분야에서는 일방적이기는 하지만 매우 활발한 흐름이 이루어지고 있다. 한국 대중음악은 1996년 9월부터 중국 국제라디오방송국 FM 채널을 통해 소개되기 시작했고, 앞에서 밝혔듯이 1997년 7월부터 〈서울음악실〉이라는 정식 한국 음악 프로그램이 중국 내 한국 공연 기획사의 제작으로 매주 3회, 1시간씩 베이징·상하이·텐진·청두·광저우 등 중국 10여 개 대도시에서 주요 FM을 통해 방송되어 평균 10%가 넘는 청취율을 유지했다. 1998년 6월 댄스 그룹 클론의 〈쿵따리샤바라〉가 〈快樂指南〉이라는 제목으로 번안되어 중국의

46_중화인민공화국 주한대사관, "중·한 문화 교류와 협력 현황,"
http://www.chinaemb.or.kr/kor/zhgx/wenhuakr/t186962.htm(검색일: 2007년 11월 28일)

인기 가수 쑨예(孫悅)에 의해 히트했다. 곧이어 당시 최고 인기 남자 가수였던 쑨난(孫南)이 신승훈의 〈I believe〉를 번안해 부르자 중국에서 한국 대중음악에 대한 관심은 폭발적으로 커졌다. 이어서 같은 해 한국 음반으로서는 최초로 중국 정부의 비준을 받아 출시 된 H.O.T의 〈행복〉은 단숨에 베이징 음반 판매 순위 9위에 오르며 중국에서 한국 대중음악이 급속도로 전파되는 데 결정적인 기폭제가 되었다. 1999년 11월에 한국 가수로서 중국 최초의 콘서트인 클론의 베이징 공연이 성공하면서 '한류'(韓流)라는 용어가 중국 신문에 본격적으로 나타났다. 2000년 2월 H.O.T의 베이징 공연이 보여 준 폭발적인 인기는 중국에서 '한류'라는 용어가 보편화되는 계기가 되었다.[47] 같은 해 7월 드라마를 통해 이미 인기 절정이었던 안재욱의 베이징 공연과 더불어 한류음악은 중국에 단단히 뿌리를 내리게 되었다. NRG와 HOT는 중국에서 각각 20만 장과 40만 장의 판매고를 기록했고, 2000년 2월 베이징 HOT 공연은 1만3천 명 인파가 모였다. 장나라의 첫 앨범은 중국에서 1백만 장의 판매 기록을 보였고, 두 국가가 아시아 태평양 음악제에 공동 작업을 통해 참여하기도 했다(이준태 2001; 최혜실 2010; 汝信 2007; 詹小洪 2007, 68-73).

영화의 경우, 교류가 그리 활발한 편은 아니다. 1992년 9월부터 단매 판매의 형식으로 〈투캅스〉, 〈테러리스트〉, 〈투캅스 2〉, 〈투캅스 3〉 등이 중국에 배급되었지만 인기를 끌지는 못했다. 1998년 〈결혼

47_한국음악류(韓國音樂流), 선봉한류(先鋒韓流), 경청한류(傾聽韓流), 한류기지(韓流基地), 한류제국(韓流帝國), 한조풍(韓朝風) 등 다양한 한국 관련 사이트가 이후 등장했다.

이야기〉가 대도시에서는 처음으로 상하이에서 개봉된 이후 〈쉬리〉 등 여러 편이 상영됐지만, 드라마와 같은 인기를 누리지는 못했다. 그러다가 국내에서 2001년 초에 개봉된 〈엽기적인 그녀〉의 불법 DVD 복제판이 〈我的野蠻女友〉라는 제목으로 중국에서 폭발적으로 판매되면서 중국 젊은이들로부터 엄청난 사랑과 인기를 얻었다. 이를 계기로 한국에서 상영된 영화들은 개봉과 함께 거의 동시에 VCD와 DVD 등을 통해 중국에서도 볼 수 있게 되었다. 2000년 베이징영화학원은 한국 영화에 대한 학술회의를 개최한 바 있고, 2001년 10월에는 한국 영화 회고전을 열기도 했다(鄭貞淑 2005; 조한혜정 2003). 중국 정부가 분장제 수입 영화를 20편으로 제한하고 있고, 엄격한 검열 때문에 한국 영화의 중국 개봉은 쉽지 않다. 물론 한국 영화의 영향력은 할리우드 영화보다는 작고 일본과 홍콩 영화보다는 크다. 그러나 불법 복제로 인해 한국 영화가 중국에서 정상적으로 판매되지 않고 있고, 한국에서 중국 영화의 입지가 그리 넓지 않기 때문에 영화 교류는 제한되고 있다고 평가할 수 있다. 최근에는 국제영화제에서 명성을 얻고 있는 중국 5, 6세대 감독의 일부 작품이 한국에 수입되고 있다. 한국의 CGV는 베이징·상하이·우한·톈진에 진출해 5성급 영화관으로 자리매김하고 있으며, 메가박스 또한 베이징에 진출하여 점차 상영망을 확대해나갈 전망이다. 한·중 양국은 상하이영화제, 창춘영화제 등 중국의 가장 저명한 영화 시상 행사에서도 매년 별도로 한국 영화절을 지정하여 한국 영화를 소개·상영하는 등, 양국 간의 영화 교류는 갈수록 다양한 층위로 확대되고 있다.

　연극 분야 교류도 거의 전무한 편인데, 2006년 한국 무대에 오른 원대의 잡극이 대표적인 예이고 한국의 지하철 1호선이 베이징과 상하이에서 공연된 적이 있다. 한·중·일이 공동 주최한 베세토 연극제는 두 나라만의 행사가 아닌 아시아 지역까지 그 범위를 넓혔던 의미 있는 행사였다. 무용 분야 교류 현황은 국내 무용단 해외 공연 국가별 현황을 통해 중국의 공연 상황을 알 수 있다. 시각예술 분야의 교류 현황을 보면 국내 미술의 해외 전시에 있어 중국이 17.8%로 미국에 이어 3위를 차지하고 있다.[48]

(3) 텔레비전 드라마 분야

중국에서 한국 드라마의 인기는 매우 높다.[49] 드라마는 1992년 8월 24일 공식적으로 수교를 맺으면서 비로소 중국에 소개되기 시작했다. 1993년에 〈질투〉와 〈여명의 눈동자〉가 한국 드라마로서는 최초로 한·중 수교 1주년을 기념하여 중국에서 방영되었는데, 그다지 인기를 끌지는 못했다. 중국에서 한류의 바람은 1997년 〈별은 내 가슴에〉가 〈星夢奇緣/星星在我的心中〉이라는 제목으로 '봉황채널'(鳳凰臺/Phonix TV)에서 방영되어 시청자들로부터 큰 호응을 얻으면서부터였다. 몇 달 뒤 〈사랑이 뭐길래〉가 〈愛情是什麼〉라는 이름으로 CCTV-1을 통

48_공연 예술 국제 교류 활동 현황(2009년 기준)에 대해서는 문화체육관광부 자료를 참조.
http://www.mcst.go.kr/web/s_data/research/researchView.jsp?pSeq=702.

49_앞에서 말했듯이, 중국에서 한국 가요와 드라마가 인기를 끄는 이유 중 하나는 중국의 문화 콘텐츠가 아직은 중국 소비자의 취향 변화를 반영하지 못하고 있기 때문이다. 빈부 차이로 인한 갈등, 성공을 위한 야망과 사랑 사이에서의 방황, 유교적 전통문화와 서구 문화 간의 충돌을 담고 있는 한국의 대중문화는 중국인의 서구 문화 소비 취향을 만족시키면서 동양인의 정서에 맞도록 재구성되었다는 특징을 갖는다(김현미 2005, 238-241; 이민자 2006, 96-97).

해 방영되어 전국적으로 선풍적인 인기를 끌면서 한국 텔레비전 영상물들이 본격적으로 각광을 받기 시작했다. 이후 한국 텔레비전 드라마들이 계속 히트했고 〈인어 아가씨〉도 바람을 일으켰다.[50] 중국에서 한류가 최고의 절정을 맞이한 것은 2005년 후난(湖南) 위성 텔레비전의 〈대장금〉이 방영되면서였다. 드라마 〈대장금〉은 중국에서 1억8천만 명이 시청했으며 홍콩에서는 마지막 회가 사상 최고의 시청률 47%를 넘어섰다(백원담 2005, 390-393). 기록적인 시청률을 기록하며, 그동안 한국 드라마를 등한시하던 중년 남성들까지 사로잡았고 중국 전역에서 인기를 끌었다.

2005년 10월 중국 인터넷 포털 시나 엔터테인먼트에서 한국 드라마에 대한 설문을 실시했는데 하루 동안 무려 2만6천 명이 참여했다고 한다. 확실히 드라마 교류에 있어서 일본과 홍콩·타이완·미국과 비교해 한국 드라마는 중국 시청자에게 압도적인 우세를 보이고 있다.[51] 현재 한국에는 TV-4, TV-9 채널에서 중국의 영화와 드라마를 방영하고 있고, KBS WORLD 채널도 중국 관련 소식을 전달하고 있다. 중국 중앙텔레비전과 한국방송공사는 1994년을 기점으로 각각 양국에서 문

50_당시 CCTV-1에서 방영된 〈사랑이 뭐길래〉는 외화로는 드물게 4.3%의 높은 시청률을 기록했고, 이에 따라 CCTV-6에서 저녁 9시에 재방송하여 전국 전역에 한국 텔레비전 드라마의 붐을 일으켰다. 그 후로도 〈사랑이 뭐길래〉는 CCTV에서만 여러 차례 재방송됐고, 이를 계기로 본격적으로 한국 텔레비전 드라마가 중국 텔레비전 드라마 수입 정책 입안자들의 관심을 끌기 시작했다.

51_외국 드라마·영화가 중국 관중에 미치는 영향력을 보기 위한 설문에서 중국인들의 한국 영화 조회 수는 268만 회, 한국 드라마는 1,480만 회, 할리우드 영화는 891만 회, 일본 드라마는 931만 회로 한국 드라마 조회 수가 월등히 앞선다는 걸 알 수 있다.

화 주간을 개최해 연속극의 합작 촬영 가능성을 탐색한 바 있고 '한·중 우호의 밤', '중국문화대전'과 '한국 문화의 달', '한·중 가요 대회' 등 행사도 개최했다. 중국의 CCTV-4는 2001년에 SKY-TV를 통해 한국 내 방송을 시작했다. 부산국제영화제 등에 소개된 중국 작품들이 텔레비전으로 방송되면서 중국 감독이 한국 영화 팬들의 주목을 받기도 했다.

문화산업 영역에서 영화·방송·애니메이션·음악·영상 등 미디어 교류가 활발히 이루어지고 있으며 교환 제작이나 공동 제작을 하는 프로그램이 점점 늘어나는 추세이다.

(4) 문학과 출판 분야

문학은 언어라는 장벽만 극복한다면 국가·성별·인종·세대 등의 경계를 넘어 상호 소통할 수 있는 훌륭한 장르다. 2007년 현재 중국어로 번역·출판된 한국 도서는 367종이다. 이 중 2007년 기준으로 한국문학번역원에서 지원한 총 지원 건수는 27개 언어권 783권인데 그중 중국어 건수가 57건이다. 최근 한국 출판계가 중국 소설 번역에 중점을 두면서 중국의 웬만한 작가들의 작품이 다수 번역되고 있는 반면, 중국에서 한국 문학은 극소수의 작품만이 자발적으로 번역·출판되고 있을 뿐이다. 한 연구에 따르면 해당 연구자가 중국의 출판사 편집인과 인터뷰했을 때 다음과 같은 말을 들었다고 한다. "한국어를 모르는 상황에서 중국어 번역문을 교열하는 수준에서 출판을 하고 있으며, 한국문학번역원의 지원이 있을 경우에만 한국 문학 전담 편집인을 고용해 한국 문학 시리즈를 기획·출판한다."[52] 중국의 한국 문학 번역·출판 대부분이 한국 측의 지원으로 이뤄지고 있다는 것을 알 수 있다.

중국의 외국 책 번역에서 한국 책은 상위를 차지했으며, 이 가운데 현대문학이 89%를 차지했다. 한국에 번역된 작품을 보면 상위 국가 중 영문 도서 50%, 일본 도서 15%, 중국 도서가 3.5%를 차지했다(임춘성 2009, 227-247).

한국에서 번역·출판되는 중국 서적도 점차 증가해, 1970년대에는 47편에 불과했던 것이 1990년대에는 347편에 달했다. 예를 들어, 위화(余华)의 경우 한국에서 가장 인기 있는 중국 작가로 자리매김하고 있으며, 그의 작품은 쓰이는 데로 곧바로 한글로 번역되어 독자에게 읽히면서 중국의 실상을 이해하는 데 도움을 주고 있다. 중국 출판 시장의 경우 최근 고속 성장을 하고 있으며 세계의 이목을 받고 있다. 한·중 수교 20주년을 맞아 '2012 베이징 국제 도서전' 한·중 출판인 초청 세미나가 개최되기도 했다. 이 국제 도서전에서 한국은 주빈국으로 초청을 받았으며, 이로 인해 많은 중국인들이 책을 통해 한국을 이해하는 좋은 기회가 될 것이라는 기대를 모았다. 현재 중국의 출판은 종수와 출판량에서 세계 1위를 점하고 있고, 전자출판, 인터넷 학술 출판 총량은 세계 제2위를 점하고 있다. 또한 중국은 한국의 최대 저작권 수출국이다.[53]

출판의 경우 한·중은 인쇄 문화 교류 협의서를 통해 교류의 근간을

52_2007년까지 중국에서 번역·출판된 한국 문학작품 대부분이 저자의 중국어판 서문도 없이 5~6천 부씩 출판되어 판매되었다고 한다.

53_'한·중 출판 교류의 현황과 향후 방안'을 주제로 한 세미나에서 중국의 출판 시장 현황 및 비전, 그리고 한·중 출판이 지향해야 할 구체적인 출판 교류 방안이 제시된 바 있다 (정여울 2007).

마련했다. 도서 교류는 영화나 드라마와 함께 진행되는 경우가 많은데, 2001년 영화의 인기에 편승하여 〈엽기적인 그녀〉는 영화 속 대사만을 대충 번역해 소설로 출판되었음에도 불구하고 엄청난 인기를 끌었다. 이어서, 2002년 인터넷 작가 김하인의 〈국화꽃 향기〉가 출판된 후 한국 책으로는 처음으로 연간 베스트셀러 1위를 차지했으며, 문학 베스트셀러 1위를 18개월간 유지했다. 그 열풍을 귀여니의 〈그놈은 멋있었다〉가 이어받아 2004년 각종 집계에서 중국 소설 부분 판매량 1~2위에 올랐다.

(5) 게임 분야

네오위즈 게임즈, 엔씨소프트 등 회사의 게임 매출액이 중국에서 급증세를 보이고 있으며, 넥슨의 경우는 렉시안 소프트(LEXIAN SOFT)라는 자회사를 중국에 설립해 중국 최대의 게임 회사로 거듭나고 있다. 특히 문화 예술 분야에서 한국음악, 댄스, 소설에 대한 폭발적 관심을 견인한 것은 게임이었다. 한국 인터넷 게임은 중국 인터넷 게임 시장에 대거 진출했고 크게 히트를 쳤다. 온라인 게임 "미르의 전설2"에 동시 접속하는 게임 마니아가 70만 명 이상을 기록해 중국 온라인 게임 시상의 65%를 점유하기도 했다.[54]

54_1999년 상하이의 한 청년은 〈미르의 전설〉 등 한국 게임을 도입해 중국에서 성다(盛大)라는 회사를 설립했고 온라인 게임 서비스를 시작했다. 이후 그는 엄청난 성공을 거두어 창업 5년 만에 미국 나스닥에 상장한 세계 제3대 온라인 게임 운영 업체로 발전했다(한홍석 2004, 153).

(6) 기타 분야

중국 최대 매체인 신화사와 한국의 연합통신사는 1994년 협정을 맺은 바 있고, 2006년에는 새로운 신문과 사진 자료 호환 협의에 서명했다. 2007년 11월 한국에서는 중문판 『아시아일보』가 창간되었다. 이 밖에 중국의 『인민일보』와 『조선일보』, 『중앙일보』, 『동아일보』가 협력 관계를 맺고 있다. 중국 중앙방송국과 한국 KBS, 상하이의 문광매체집단과 한국의 MBC, 중국의 『경제일보』와 『한국경제신문』, 중국의 국제방송국과 한국의 KBS도 상호 협정을 통해 교류를 하고 있다. 중국의 6개 매체가 한국에 지사나 기자 스테이션을 설립해 다수의 기자를 파견하고 있다(李拯宇·于玉蘭 2007).

또한 베이징과 상하이에는 한류 체험관이, 부산에는 상하이 거리와 중국 건축물이, 양저우(楊州)에는 최치원 기념관이 건립되었다. 중국인들의 한국 축구, 한국 자동차, 한국 핸드폰, 한국 바둑에 대한 관심도 높다. 한·중 바둑 대항전, 한·중 축구 대항전 등도 양국 국민들의 사랑을 받고 있다. 문화 예술 교류는 생활 방면에서의 교류도 포함한다. 한국 음식점, 미용실, 뷰티 센터, 대형 슈퍼와 백화점이 중국에서 유행하고 한국의 김치, 고추장, 화장품, 의상 등이 중국 소비자에게 애용되고 있다. 의학계에서도 교류가 진행되고 있으며, 중국 불교협회와 한국 대순진리교 등 종교단체의 교류도 눈에 띈다.[55]

55_중국의 중의(中醫)·중약(中藥)은 한국의 한의·한약과 기원을 같이하기 때문에 교류가 매우 원활하다. 또한 소림사 주지 스님이 승려 대표단을 인솔해 한국을 방문한 사례도 있다(朴光海 2007).

(7) 중국풍

앞에서도 말했듯이 한·중 문화 예술 교류가 일방적으로만 일어나는 건 아니다. 한국에도 한풍(중국 붐)이 불면서 중국어 학습 열기가 고조되고 중국 문화에 대한 이해 욕구가 강하게 나타났다. 차이나타운이 곳곳에 조성되었으며, 중국 여행이 증가하고 중국요리의 맛을 체험하는 곳이 늘어났고 중국어판 언론 매체들이 다수 개설되었다. 한국의 주요 언론 매체들은 중국어판 홈페이지를 구축하거나 중국어 채널을 개통했다(李充陽·趙莉 2001). 현재 중국이 문화산업에 자본을 대거 투자하고 있고 문화 콘텐츠 개발에 힘쓰고 있으므로 조만간 중국 문화 예술이 한국에 유입되는 경로와 분량도 늘어날 것이다.

제3장

한·중 문화 교류의 의미와 문제점

1. 한·중 문화 교류의 의미

한·중 문화 교류는 한국전쟁 이후 냉전의 영향으로 서로 장막으로 가려져 있던 두 나라가 서로를 이해하고 소통하는 물꼬를 텄다는 데 가장 큰 의미가 있을 것이다. 한국에게 중국은 북한을 지원해 한국전쟁에 참가한 적국이었고, 이후 관계가 경색되어 서로 단절되었다. 하지만 장기간 긴장 관계에 있던 두 국가가 단지 경제적 이익의 교환만이 아닌 상호 역사적 경험을 이해하고 진심을 가지고 서로 왕래하는 사이가 될 수 있었던 것은 이런 문화적 넘나듦을 통해 가능했다. 문화 교류는 실로 다양한 분야에 걸쳐 진행되고 있고 그 영역은 광범위하다. 한 민족의 문화는 그 민족의 기질, 성격과 전통을 반영한다고 볼 수 있는데, 이러한 문화를 교류함으로써 서로의 전통과 민족성을 이해하고 국내 정치·경제·사회 상황 등을 파악할 수 있다. 물론 20여 년의 문화 교류를 통해 50여 년이 넘은 단절의 시간을 보충하는 것은 쉽지 않은 일이다. 그럼에도 다양한 왕래가 끊임없이 지속되면서 한·중 문화 교류는 사회적으로 큰 영향을 미쳤으며, 몇 가지 의미 있는 현상을 보여 주었다.

1) 한·중 인적 교류의 의미

한·중 인적 교류는 첫째, 대규모 관광객의 왕래로 양국 경제 발전에 크게 공헌했는데, 특히 중국 관광객은 한국의 소비 시장이 위축되는 상황에서 효자 노릇을 했다. 2011년 3분기 한국은행의 통계를 보면, 한국에 입국한 외국인의 소비가 한국 국내총생산(GDP) 성장에 미친 공헌도가 0.3%에 달했고, 한국 입국 관광객 가운데 중국인이 약 5분의 1을 차지했다. 명동 등 한국의 전통적 상업지역에서 중국과 일본 관광객은 이미 중요한 고객이 되었고 거의 모든 상점이 중문 표기를 하고 있으며, 한국 상인들은 간단한 중국어를 배워 중국 관광객과 소통하려고 한다. 중국 관광객의 구매지가 시장에서 백화점·면세점 등으로 확장됨에 따라 서울 등 관광 도시에서 소홀히 할 수 없는 거대한 소비 집단이 된 것이다.

관광객은, 상대국을 이해하는 직접적인 통로일 뿐만 아니라 자국으로 돌아간 뒤 주변 사람들에게 여행한 국가의 인상을 전달하므로 다른 사람들의 인식에 영향을 주게 된다. 한·중 간 상호 방문 규모가 확대되고 빈도가 증가함에 따라 필연적으로 양국 국민은 서로 친숙해지게 되며, 나아가 호감을 갖는 전제가 되기도 한다. 한·중 인적 교류의 증가를 통한 이러한 상대 문화에 대한 양 국민의 관심과 호감은 간접적으로 쌍방의 상품을 선호하는 경향을 갖게 한다. 그 결과 현지 소비를 진작시킬 뿐만 아니라 자국 상품이 상대 국가에 수출되는 것에도 일조한다. 상품 교류는 양국 간 문화 교류를 더욱 활발하게 만들며 이로써 두 나라 국민의 심리적 거리가 가까워지고, 우호적인 한·중 관계에 기여한다.

둘째, 한·중 간 유학생 교류는 상대국을 심도 있게 이해하는 방편이며, 거대한 규모의 양국 유학생 대열은 장래에 '지한파'와 '지중파'가 될 것이고, 상대 국가에 대한 자국민의 인식에 영향을 미칠 것이다. 젊은 시기 유학하면서 호감을 갖게 될 경우, 이런 유학생들은 '친한파'와 '친중파'가 될 수 있다. 유학생들은 귀국 이후 소비 등 일상생활에서 일반 사람들보다 상대국의 기호를 선호하는 경향이 있으며, 상대국의 문화를 가지고 입국해 양국 간의 문화적 소통과 융합을 만들어 내기도 한다. 또한 양국 유학생의 증가는 한·중 교류의 효율을 제고시킬 수 있다. 오늘날 중국에서 졸업한 한국 유학생과 한국에서 졸업한 중국 유학생은 이미 기업, 대학, 매체, 영사관 심지어 정부 부문에서 활발한 활동을 보여 주고 있다. 이들은 상대국에 대해 비교적 정확하게 인식하고 있고, 이들의 활동은 양국 간 오해를 감소시키고 소통을 효율적으로 만드는 데 일조한다.

또한 한 국가에서 유학한 경험을 가진 젊은이들이 이후 유학 상대국과 관련된 영역에서 직장을 갖는 경우, 역으로 한·중 경제 무역과 문화 교류의 규모를 증대시킬 것이다. 최지영은 한·중 유학생에 대한 조사를 통해, 17%의 중국인 유학생이 '지한(知韓)파'이며 75%가 '용한(用韓)파'라고 했다(최지영 2011, 223). 그들은 모두 한국 유학의 경력을 이용해 한국과 관련된 일을 하고 싶어 한다. 문상명은 재중국 한국 유학생에 대한 조사에서, 한국 유학생이 중국 유학을 선택하는 중요한 동기는 첫째, 중국어 수준을 높이기 위함이고 둘째가 구직과 학업이며 셋째가 학문적 호기심이라고 했다(문상명 2004). 이를 통해 보면, 한·중 유학생이 상대국에서 유학을 하는 목적은 학술적인 것보다는 취업의 기회를 얻고자 한다는 사실을 알 수 있다. 나날이 대졸자의 취업이 어려워지는 상황에서 많은 유학생들이 장차 상대 국가에서 취업을 선택할 것이며, 결과적으로 한·중의 인적 교류는 더욱 활발해질 것이다.

셋째, 한·중 경제인 교류와 관련해 삼성, 현대, LG 등 한국의 대기업은 중국 각 지역에 대규모 투자를 하고 있는데, 이들은 세계 5백대 기업에 들어 갈 정도로 큰 기업들이다. 중국인들에게 한국의 대기업은 선진적인 기업 문화를 가지며 높은 임금을 지급하는 곳으로 여겨진다. 또한 대우가 좋고 직원들에게 양호한 발전 공간을 제공하므로, 특히 젊은이들이 선호하는 일자리다. 중국에서 한국의 대기업들은 다수의 중국 젊은이들을 키워 냈으며, 한국 문화의 전달자로서 기업 경영, 시장 판매 등의 분야에서 한국 문화를 중국에 전했다. 뿐만 아니라 이 기업들은 의식적으로 한국 문화를 선전하고 확산시키면서 한·중 간의 문화 교류를 지원했다. '한류'뿐 아니라 한·중 간의 문화, 학술 활동 배후에는 종종 한국 대기업의 지원이 있다. 재중국 한국 대기업은 적극적으로 중국 사회에 융합하려고 하는데, 예를 들면 베이징 올림픽 등 체육 행사를 후원하거나 중국의 사회 공익 활동에 적극 참여하기도 한다.

중국에 있는 한국 대기업은 한·중 문화 교류를 추동하는 중요한 역량을 가지고 있으며, 기업 자체가 문화 교류의 장소이기도 하다. 저자는 인터뷰를 통해, 주중 한국 기업에서 일하는 중국 직원들이 한국을 더 잘 알며 한국 직원들 중에서 '중국통'들이 많다는 걸 발견했다. 주중 한국 기업에서 한국인과 중국인의 협력이 실제로 일어나고 있고, 이들 간의 협조가 순조롭게 진행되느냐가 한·중 경제협력의 성과 및 중국 젊은이들의 한국 기업 선호도에도 영향을 미친다.

　다른 한편, 한국행을 선택한 조선족을 통해서도 한중·교류의 의미를 살펴볼 수 있다. 조선족이 한국으로 가기 전, 이들의 소득은 중국에서 비교적 낮은 편이다. 한국에서 취업을 하고 노동 소득의 일부를 고향으로 송금하면서 조선족의 일인당 저축액은 중국 전체 소수민족 중에서 2위로 올랐으며, 옌볜 지역의 소비도 진작되어 지린 성에서 부동산 가격이 가장 높은 도시가 되었다. 한국에서 벌어들인 돈은 옌볜 지역의 소비를 자극했고 이런 자금은 부동산을 매입하거나, 일상적 소비나 투자로 이용되었는데, 투자의 경우 오락성 사업이나 요식업에 집중되었다. 지린 성의 다른 도시와 비교해 옌볜의 시장 교역은 매우 활발하고 물가도 비교적 높다. 한국으로부터 벌어들인 노동 수입이 옌볜 지역의 경제를 활성화시켰다고 볼 수 있다.[56]

56_통계에 따르면, 2001년에서 2005년까지 조선족이 한국에서 벌어들인 소득 누계는 30억1천만 달러에 달했다. 2003년 말 옌볜 주민 저축 총액은 지린 성 9개 주·시 가운데 3위를 차지했다. 일인당 저축액은 성 전체 평균 수준보다 2,628위안이 많아 지린 성에서 2위였고, 전국 30개 소수민족 자치주 가운데서 저축액이 가장 많았다. 사실상 옌볜의 경제 능력은 지린 성에서 그다지 높지 않아, 2003년 옌볜 지역 총생산은 지린성 9개 주·시중 6위이고 직공 평균임금은 5위, 농민 일인당 순소득은 최하였다. 결국 옌볜의 주민 소득 가운데 해외에서 벌어들인 돈이 차지하는 비율이 매우 높다는 사실을 알 수 있다. 1996년 외국에서 은행을 통해 옌볜으로 들어온 소득이 인민폐 13억 위안에 달해, 처음으로 옌볜의 당해 연도 재정 소득을 초과했다. 2000년 해외로부터 유입된 소득액이 옌볜 재정 소득의 1.3배로, 2001년에는 1.5배, 2002년 2.1배, 2003년 2.6배로 점차 증가했

2) 한·중 학술 교류의 의미

한·중 학술 교류를 통해 첫째, 한·중 양국은 평화로운 교류를 위한 이론적이고 학문적인 바탕을 마련할 수 있었다. 즉, 상대국 학문에 대한 관심을 증폭시키고 체계화함으로써 상대국을 제대로 이해하는 데 기여했다. 한국의 중국학이나 중국의 한국학이 학문적인 연구와 소통에서 가장 큰 역할을 한 것이다. 1990년대 이후 한국의 '중국학'과 마찬가지로 중국에서도 '한국학'이 학계의 신흥 학문 분야로 발전했다. 지역학은 이제 단순히 적국에 대한 분석이나 상대 국가에 대한 지식 습득의 수준을 넘어 상호 이해를 위해 중요한 기초자료를 제공하게 되었다. 수교 이후, 한국에서는 중국 연구가 비약적으로 발전했으며, 중국에서도 한국에 대한 연구가 이전보다 크게 증가했다.

둘째, 상대국에 대한 연구 범위가 다양해졌다. 한국의 중국 연구는 1990년대 이후 양적으로 급속하게 증가했고, 연구 주제의 범위 또한 역사와 인문학을 넘어 상당히 다양해졌으며, 연구 분야도 총론적인 주제에서 미시적이고 세밀한 주제로 변화되었다. 중국의 한국 연구는 한국의 중국 연구보다 조금 늦게 시작되었으나 2000년대 이후 빠르게 늘어났다. 초기에는 주로 경제에 대한 연구가 많았으나, 2000년 이후에는 한국의 어문학·문화·역사·정치에 대한 관심으로 범위가 확장되었다(이규태 외 2010).

셋째, 한·중 학술 교류는 상대국에 대한 지적 관심을 불러일으켰는데, 그 결과 상대국의 언어를 배우려는 욕구로 나타났다. 한국에는

다(趙洪君 2005, 33-36).

중국어 열풍이, 중국에도 한국어에 대한 관심이 증가했다. 중국 대학들도 잇따라 한국어과를 개설해 70여 개 대학에 한국어 전공 학과가 생겨났다.[57] 한국에는 현재 30여만 명이 중국어를 배우고 있고 수교 이후 생겨난 중국 관련 학과에서 수많은 학생들이 중국어를 배우고 있으며 1천여 개의 고등학교가 중국어를 제2외국어 과목으로 채택하고 있다.[58] 언어는 상대 국가를 이해하는 첫걸음이며, 지속적인 학술 교류는 학문 분야의 하나로서 상대국 언어에 대한 관심을 불러일으키고, 이를 체계적으로 배울 수 있는 기회를 제공했다.

넷째, 학술 교류는 상대국에 관심이 있고 알고자 하는 사람들에게 중요한 정보를 제공했다. 학술 교류의 결과 상대 국가에 대한 저서나 잡지가 늘어나면서 일반인이 상대국을 이해할 수 있도록 하는 중요한 매개 역할을 하고 있다. 상대국의 소식을 전하고 전문적인 연구 성과를 게재하는 학술지와 전문잡지들이 많아졌고, 신문이나 매체도 관련 프로그램이나 기사를 지속적으로 만들어 내고 있다. 예를 들면, 한국 언론의 중국 관련 보도는 수교 초기만 해도 특파원 기사가 일주일에 두 건 정도 신문에 실렸는데 지금은 거의 매일 게재되며 하루 평균 3건 정도가 되는 경우도 있다.[59]

57_2007년, 중국에서 한국어 능력 시험에 응시한 사람들이 1만8천 명에 달했다고 한다(『每周韓國』 2007; 강보유 2007).

58_2006년, 중국어 능력 시험인 한어수평고시 응시자 16만2천 명 가운데 61%인 9만9천여 명이 한국인인 것으로 조사되었다. http://www.koreanembassy.cn/contents/politics/serv2-74-03.aspx?bm=2&sm=3&fm=5(검색일: 2007/11/28).

59_『중앙일보』의 경우, 2007년 중국 관련 보도가 9백 건을 넘었다(유상철 2007, 60-61).

다섯째, 한·중 학술 교류는 상대국에 대한 호감을 자극해 양국 간 상호 오해를 불식시켰다. 중국의 한국전쟁 참전과 휴전협정을 계기로 왕래가 끊어진 이후 두 나라는 서로 오해의 벽을 쌓아 갔다. 한국에 있어 중국은 장막에 가려진 공산당 일당 국가이며 이전의 위용과 위세가 꺾인 아시아의 저개발 국가인 동시에 중국인은 사람을 잘 속이고 청결하지 못한 민족이라는 의식이 지배했다. 중국에게 한국은 미국의 그늘 아래에 있으며 주체적이지 못하고 자본주의의 첨단을 걷는 나라로 받아들여졌다(이욱연 2004, 58-68).[60] 그러나 학술 교류를 통해 중국은 한국이 압축 성장을 하면서도 전통을 유지하고 있다는 것을 알게 되었고, 한국은 중국과 2천 년간 역사적 관계를 맺어 온 사이이며 중국 사회주의가 어떻게 운용되고 있는지를 이해하게 되었다(李奎泰 2004). 한·중이 오랜 역사적 관계를 가지고 있으며, 공통의 한자 문화와 유교 전통을 갖고 있고, 근대화를 위해 힘든 시기를 거쳐 왔다는 공감대는 상대국에 대한 오해를 풀게 해주었다.

여섯째, 세계 질서에서도 그렇듯이 아시아에도 일정한 수직적 질서 구조가 내재하고 있다. 한·중 학술 교류는 이런 인식을 바꾸게 하고 동등한 교류가 가능하며, 이미 오랜 교류의 역사를 공유하고 있다는 것을 알게 했다. 한국과 중국은 동일한 아시아 지역에 공존하면서 일종의 위계적 질서 속에 상대국을 위치시켜 왔다.[61] 수교 이후 한·중 학

60_이런 의식을 이욱연은 국가에 의해 심어진 집단적 기억(collective memory)이라고 말한다.

61_미-일-한-중이라는 한국의 위계 구조 인식과 중-일-한이라는 중국의 전통적 위계 구조 인식을 논한 글로는 다음을 참조. 이욱연(2004), 김희교(2004, 381-400). 김희교는 한

술 교류는 이러한 위계 구조 인식을 바꾸는 역할을 했다. 중국에게 한국은 예전 조공 체제에서의 하위 국가가 아니라 경제 발전에 성공한 국가이며, 한국에게 중국은 근대 시기 외국의 침략에 무너진 사자가 아니라 점차 깨어나 부상하고 있는 국가라는 인식이 생긴 것이다.

3) 한·중 문화 예술 교류의 의미

한·중 문화 예술 교류를 통해 첫째, 문화 예술 교류가 경제적 효과를 미친다는 걸 알게 되었다. 2004년, 한국 문화 예술의 중국 유입이 제조업에서 만들어 낸 부가가치와 취업률을 간접 효과로 환산했을 때 3만3천억 원에 달했다는 보도가 있었다.[62] 한국 전자 게임의 경제 효과가 가장 크다고 하는데, 중국전자신식산업발전연구원(CCID)의 통계에 따르면, 2001년과 2002년 한국으로부터 수입한 전자게임은 중국 시장의 70%를 초과했고 2003년에도 거의 50%를 점했다. 한국 문화 예술로 인해 한국 관광 열기가 생겨나고 화장품 등 한국 상품의 수입도 늘어났다. 그 결과 한국 가전, 자동차, 핸드폰, 컴퓨터 등 IT 상품의 판매 실적도 올라갔다(윤경우 외 2010). 물론 이를 과연 긍정적으로만 볼 수 있는가라는 논쟁이 있을 수 있고, 한국만 일방적으로 이득을 본다는 불균형이 존재하지만, 문화 예술 교류를 통해 상호 문화산업이

류로 인해 조공 책봉 시대의 계서적 경제 문화 관계를 뛰어넘어 평등한 국민 국가 간의
근대적 문화 소통 체제가 구축되었다고 본다.

62_"한류의 경제적 효과 분석"(『조선일보』 2005/03/15).

경제적 가치를 인정받는다는 점에서 의미가 있다. 문화 예술 교류가 자국의 문화와 상품의 지명도를 높이고 국제사회에서 자국의 문화를 선전하는 데 유리하다는 것은 문화 예술 교류가 가진 사회적 의미라고 할 수 있을 것이다.

둘째, 한·중 문화 예술 교류는 상대국의 문화를 접하게 함으로써 상대국에 대한 호감을 증가시켰다. 한·중 문화 교류의 현황에서도 살펴본 것처럼, 중국에서는 한국 드라마나 영화, 음악을 접할 기회가 많아졌으며 이는 한국의 경우도 마찬가지다. 또한 다양한 문화 행사와 전시회를 통해 간접적으로 상대국에 대한 문화적 내용을 습득하게 된다. 이렇게 상대의 대중문화를 소비하는 것과 상대국에 대한 인식 사이에는 유의미한 관계가 있다. 중국에서 한국 대중문화에 대한 소비를 통해 한국인에 대한 중국인의 호감을 조사한 자료를 보면, 한국인과의 대인 접촉뿐만 아니라 한국 드라마 시청, 영화 보기, 음악 듣기는 전반적으로 한국에 대한 태도, 한국 상품 이용, 한국에 대한 호감 형성에 긍정적인 영향을 미치는 것으로 나타났다. 예를 들어, 한국 드라마를 시청한 사람들이 그렇지 않은 사람들보다 한국인에 대해 더 호의적인 것으로 나타났다.[63] 더불어 중국에서 한국 드라마를 시청한 사람들은 한국인을 따뜻하게 느끼는 것으로 조사되었다.[64] 문화 예술 교류를 통한

63_차이바오칭(2004) 참조. 이 논문은 허베이 성 스좌장(石家庄) 지역에서의 설문 조사를 토대로 한 것이다.

64_이준웅(2006, 273-318) 참조. 이 논문에서 저자는 2004년 5월 15일부터 5월 30일까지 베이징 시민 8백 명을 대상으로 면접 조사를 실시했다. 292쪽 〈표 2〉에는 자국 드라마와 외국 드라마에 대한 베이징 시민의 시청률이 나와 있다.

상대국 문화에 대한 접촉이 상대방에 대한 호감뿐만 아니라 상대 국가에 대한 평가에도 긍정적인 영향을 미친다는 것을 알 수 있다.

셋째, 문화 예술 교류를 통해서 정치·경제 교류에서 경직될 수 있는 측면을 부드럽게 만들 수 있다. 경제 교류는 이익이라는 실리적 고려에 의해 이루어진다. 하지만 경제 교류에 문화적 이해가 더해지면 상호 신뢰가 생기고, 경제 교류도 이익만이 아닌 서로의 생존에 대해 심사숙고하게 된다. 정치 교류에는 안보, 지역 현안, 세계 질서와의 관계 등의 문제가 포함되는데 문화 교류를 통해, 경직될 수 있는 관계를 부드럽게 만들며, 왜 두 나라 사이에 혹은 지역에 정치 교류와 안보가 필요한가라는 근본적인 질문에 답할 근거를 제시할 수 있다.

넷째, 한·중 문화 예술 교류는 서로 무엇을 배워야 하는지를 보여 줄 수 있다. 즉 상대 국가의 사회에 영향을 끼칠 수 있다는 것이다. 예컨대, 2005년 중국 대중문화계의 최대 사건은 〈대장금〉의 유행이었다. 〈대장금〉은 끊임없이 어려움을 이겨 나가는 정신과 해피엔딩을 보여 준다. 낮은 위치에서 선한 마음을 가지고 스스로 노력을 통해 실력을 인정받고 목표를 성취해 가는 〈대장금〉의 이야기에서 중국 사람들은 힘든 상황에서도 주변 사람을 보살피고 정의를 구현해 내는 선량한 인물의 전형을 통해 이를 내면화시킨다. 〈대장금〉은 한국의 인물이지만 이 드라마가 큰 인기를 끌고 수많은 중국인들이 공감하면서 이 드라마의 메시지가 받아들여진 것이다. 이것이 사회에 반향을 불러일으켜 정의로운 인물에 대한 공감대를 형성한 것으로 보인다.

한국의 문화 예술이 중국에서 유행한 지 어느 덧 오랜 시간이 지났다. 중국이 개혁 개방을 하면서 이미 일본, 홍콩과 타이완, 미국 문화가 중국 대중에게 큰 영향을 미쳤으며, 한국의 경우 다른 국가보다 오래 지속되었지만 최근 그 열기가 식은 것이 사실이다. 그럼에도 양국의 문화 예술 교류는 지속되고 있다. 서로의 문화 예술 상품이 전달되고 파급되는 과정에서 많은 사람들이 상대국 문화의 전형을 접하게 되고, 생활에 다방면으로 흡수되어 일상 행위에 영향을 미치게 된다. 여러 오해와 어려움에도 불구하고 한·중 문화 교류가 끊임없이 이어지고 상호 전해져야 한국인이 중국 문화를, 중국인이 한국 문화를 좀 더 깊이 있게 이해하고 서로를 알아 가는 데 도움이 될 것이다.

2. 한·중 문화 교류의 문제점

1) 한·중 인적 교류의 문제점

(1) 한·중 관광 교류의 문제점

첫째, 한국인의 중국 관광과 중국인의 한국 관광 경험이 오히려 상대국에 대한 실망으로 이어지는 경우가 있다. 매체 등 간접적인 정보보다 직접적인 방문이 타국에 대한 인식에 영향을 미치는 것이 사실이다. 중국을 다녀간 한국인이나 한국을 다녀간 중국인들이 단기 관광을 통해 상대국에 호감만 갖게 되었다고 보기는 어렵다. 우선, 한국과 중국 관광의 편리성과 경제성은 양국 관광객이 증가한 주요 원인이지만, 역설적으로 이 때문에 관광 상품의 고급화를 기대하기 힘들다. 중국과 한국 관광 여행은 상대국에서 일반적으로 저가 상품으로서, 수많은 여행사들이 가격 전쟁이라는 악순환을 되풀이하고 있다. 염가의 관광 상품은 관광객의 만족도를 낮추며 장기적으로는 한·중 관광 교류에 악영향을 미친다. 무엇보다 상대국에 호감을 갖기 어렵게 하기 때문이다.

　중국을 관광한 한국인들은 자연 풍경, 역사 문화 유적에 대해 높이 평가하는 반면, 음식의 질, 호텔과 상점의 위생과 서비스 질에는 대체로 만족도가 낮다. 그래서 중국에 대해, 더럽고 번잡하고 질이 떨어지며 이해타산에 급급하다는 부정적 견해를 갖게 된다.[65] 중국 관광객들 또한 마찬가지다. 많은 중국인들이 한국 관광 상품이 저렴하기 때문에 그리고 한국 드라마를 좋아해서 한국을 선택한다. 하지만 관광 도중 여행사가 과도하게 쇼핑 시간을 안배해 한국 여행에 대한 만족도가 매우 낮다. 숙박이나 상점에 대한 불만이 많으며, 실제 한국의 모습이 드라마에서 나타나는 것처럼 세련되지 못하다는 이야기도 있다.[66]

　둘째, 양국 간의 관광 교류 규모에 비해 두 나라 관광 업계의 전반적인 발전 수준이 너무 낮다. 특히 중국의 관광업은 1990년부터 본격적으로 시작되었고 이후 국내외 관광 소비가 급속하게 성장했으나 관광 자원의 개발이나 서비스, 관리 수준이 소비 욕구에 미치지 못하고 있다. 중국은 지역이 광대하고, 역사 문화의 깊이가 있지만 관광 유적지에 너무 많은 사람들이 몰려들어 빈잡하며, 경관이니 주변의 안전, 위생 상황도 양호하지 못하고, 가격이나 서비스의 질에 대한 관리 감독도 부족하다. 각 지방정부는 적극적으로 그 지역의 관광 산업을 발

65_중국 관광 경험 한국인 인터뷰 자료.
66_한국 관광 경험 중국인 인터뷰 자료.

전시키려고 하지만 외국 관광객을 어떻게 만족시킬 것인가에 대해서는 경험이 많지 않으며, 여행사 또한 충분한 자격을 가진 외국어 가이드가 크게 부족하다. 중국 관광업은 아직 발전 수준이 낮고 국내외 여행객의 증가를 따라잡지 못하고 있으며, 국내외 여행객의 수요와 요구를 만족시키기 어렵다는 문제를 안고 있다.

셋째, 중국인들에게 한국 여행이 큰 매력을 주지 못하고 있다. 중국 여행객에게 있어 한·중 간의 문화적 친화성은 흥미를 유발하기도 하지만 매력을 느끼지 못하게 만들기도 한다. 중국 여행객들의 눈에는 한국의 고대 역사 문화 유적이 중국과 유사하게 보일 수 있기 때문이다. 중국인들이 관광지로서 한국을 선택하는 중요한 두 가지 이유는 한국의 발전상과 앞서가는 패션을 들 수 있다. 따라서 중국 관광객이 원하는 것은 한국을 여행했던 일본이나 구미 관광객과는 다르다. 현재 한국의 관광업은 중국 관광객들의 취향에 맞는 상품을 계속 개발하고 한국의 매력을 향상시켜야 한다는 과제를 안고 있다.[67] 또한 한국의 관

67_어느 여행사 직원에 따르면, "한국 여행은 여행 상품에서 중급에 해당한다. 한국 여행을 선택하는 사람들은 돈이 아주 많은 사람들은 아니다. 그들은 해외로 나가고 싶지만 유럽이나 미국, 일본은 너무 비싸서 한국을 택한다. 또한 젊은이들은 한국 드라마의 영향으로 한국 여행을 결정한다. 우리는 그들을 데리고 드라마 촬영지를 찾아가곤 한다. 한국 여행의 한 가지 재미있는 현상은 성형 여행으로 사람들이 한국 드라마를 본 이후 한국 성형에 흥미를 느낀다는 것이다. 성형 이외에 한국 여행이 실제로 흥미를 유발하기는 어려운데, 많은 사람들의 마음속에 있는 드라마 속 한국은 한국을 방문한 이후 실망으로 바뀌고, 동대문 시장이다 어디다 중국과 마찬가지로 지저분하고 한국의 경복궁 같은 유적도 중국인에게 별 색다른 게 없다고 느낀다. 그래서 한국 관광은 성형을 하거나, 화장품을 사거나 놀이 공원에 가기 위한 것이며 한번 가면 다시 가지 않는다"(26세, 여자, 한족, 베이징 대학 졸업, 한국 여행 담당 여행사 직원).

광 상품은 중국 고소득층의 성장 속도를 따라가지 못하고 있다. 한국과 중국 대도시들의 경제 발전 수준이 점차 비슷해지고 중국인의 해외 관광 경험이 많아지고 있으므로, 한국은 중국의 고소득 집단을 지속적으로 흡인할 수 있는 관광 상품을 개발해야 한다. 관광 상품뿐만 아니라 중국 관광객 숫자가 급속하게 증가하는 상황에서 관광지의 음식점과 숙박 시설의 부족도 문제로 떠오르고 있다. 이러한 관광 인프라를 잘 구축해야 증가하는 중국 관광객을 계속 수용할 수 있으며 품질 높은 관광 상품을 제공할 수 있다.

넷째, 여행에서 현지 가이드는 중요한 역할을 한다. 외국인 여행자들에게 자국의 우수한 문화를 보여 주는 것은 그 나라를 이해시키는 지름길인 동시에 더욱 많은 외국 관광객들을 유인할 수 있고 다시 방문하도록 하는 계기가 될 수 있다. 여행사와 가이드는 최선을 다해 관광객들에게 우수한 자연경관과 문화 전통을 보여 주려고 노력한다. 그러나 한국에서 중국인 관광객을 안내하는 사람들은 화교와 조선족의 비중이 매우 높고, 한국인 관광객을 맞는 중국 가이드 또한 대부분이 조선족이다. 그들이 본국 문화를 이해하는 정도는 다른 국민들과 다소 차이가 있을 수 있다. 언어 문제는 없지만 가이드로서 갖춰야 할 여타 소양이 부족한 경우가 많다. 이로 인해 상대국 관광객들에게 자국의 문화를 정확하게 소개하는 데 어려움이 있다.

다섯째, 관광업 종사자들이 상대국 문화에 대한 이해가 부족할 경우 자국의 문화를 적절하게 어필하지 못한다는 문제가 있다. 한국과 중국은 문화적으로 비슷하지만 생활 습관, 가치관에서 여전히 큰 차이가 있다. 한·중 관광객의 상호 방문 숫자가 크게 늘어남에 따라 관광업에 종사하는 사람들은 이런 차이를 존중해 문화적 오해를 불식시켜야 함에도 아직 부족한 측면이 많다. 예를 들어, 중국인은 종종 자신들의 풍부한 음식 문화에 자부심을 느끼는데, 많은 가이드들이 한국 관광객들에게 "중국인은 하늘을 나는 것 중 비행기를 제외한 모든 것, 지상에서 네 다리를 가진 것 중 탁자를 제외한 모든 것을 먹는다"라는 식으로 소개한다. 그러나 한국 여행객들은 특정 음식 재료, 예를 들면 개구리·뱀·곤충을 먹는 것에 혐오감을 가질 수 있다. 한국 관광객들은 중국 여행에서 돌아온 이후 주변 사람들에게 이런 일화를 이야기하며 간혹 과장을 하기도 해서 중국 음식에 대해 한국인들이 부정적인 인상을 갖게 되는 경우가 많다. 또한 대부분의 중국 관광 프로그램에는 서커스 관람이 포함되어 있는데, 한국인 관광객들 중에는 중국 서커스를 신비하게 느끼면서도 지나치게 유연한 몸동작을 보면서 거부감을 갖기도 한다. 또한 사회주의 제도에 대해 독재, 인권침해 등 부정적인 선입견을 갖기도 한다. '잔인한 서커스'를 보고 난 뒤 이를 더 부정적으로 해석해 사회주의 국가에서는 인권이 무시된다는 인상이 강해질 수 있다. 양국의 관광업 종사자들이 이런 문화적 차이를 존중해서 적절하게 자국의 문화를 이해시켜야 함에도 아직은 그렇지 못한 실정이다.

(2) 한·중 유학생 교류의 문제점

첫째, 한국과 중국의 많은 대학들이 외국 유학생을 유치하기 위해 노력하고 있지만 한·중 대학 교육의 질은 전 세계에서 일류라고 하기는 힘들다. 한·중 양국의 젊은이들에게 중국과 한국은 가장 매력적인 유학 대상국이 아니므로 유학생들 가운데에는 학업 성적이 좋지 않은 경우가 많다. 물론 한국의 많은 젊은이들이 중국의 발전 잠재력을 보고 중국으로 유학을 떠나며, 한국에 흥미를 느끼는 젊은 중국인들도 나타나고 있다. 그러나 양국의 대학들은 외국 유학생들을 받아들이는데 교육부로부터 제한을 받지 않기 때문에 일부 대학들의 경우, 유학생 입학 선발 기준이 매우 낮다.

둘째, 이로 인해 양국 유학생의 학습 능력에 대한 논란이 발생한다. 우선 1990년대 이래 재중국 한국인 유학생 가운데 한국에서 원하는 대학에 진학하지 못해 유학 온 사례가 종종 있다. 이런 학생들은 학습 태도가 적극적이지 않고, 자립심도 부족하며, 중국 학생과의 교류도 원만하지 못한 경우가 많다. 반면 유럽, 미국, 일본 등지에서 중국으로 유학을 온 학생들은 중국에 대한 흥미 때문에 자발적으로 유학을 선택하는 비율이 높으며, 학교생활이 비교적 양호해 상대적으로 한국 유학생의 경우 중국인 교수와 학생들이 보기에 일정 정도 부정적인 인상을 갖게 되곤 한다.[68]

근래 들어 중국 대학 입시(高考)에 실패해 한국 유학을 선택한 중국인 학생들 역시 점점 많아지고 있다. 중국인 유학생들 다수가 한국어 실력이 부족하고 학습 능력도 떨어져 정상적인 학교 활동에 어려움이 있다. 한국인 학생들 가운데에는 중국 유학생들이 학습 능력이 떨어지고 적극적이지 않아 강의를 함께 듣고 싶지 않다고 말하는 경우도 있다. 맹목적으로 중국 유학생을 받아들인 결과 한국 대학 교육의 질을 낮춘 것이 사실인 듯하다.[69] 또한 중국인 유학생들은 한국의 대학 생활에 적응하기 쉽지 않아 소극적인 태도를 보이고 있고, 유학 생활에 회

68_한국 학생을 지도한 중국 교수 인터뷰 자료.

69_둥샹룽(董向榮), 왕샤오링(王曉玲)과 리용춘(李永春)이 진행한 인터뷰 자료.

의를 느껴 한국 자체에 대해서도 실망하고 있다. 그들은 적극적으로 한국 사회에 융합될 수 없기 때문에 주로 학교 주변의 중국인 유학생들이 모이는 소집단 내에서 생활하는 것으로 보인다.

셋째, 유학생 교류가 결과적으로 우수한 인재를 배출하지 못함으로써 유학 경험이 그들의 진로에 기대만큼 도움이 되지 못하고 있다. 나아가 유학생 교류가 한·중 교류에 미치는 공헌도 또한 예상보다 낮다. 유학 생활에 적응하기 힘들고 학업을 따라가기 어려운 유학생 본인에게 유학은 재력과 시간의 낭비다. 심지어 유학 생활에서의 좌절로 인해 정신적 고통을 겪고 있는 사람들도 있다. 정상적인 활동을 하지 못하는 유학생이 많아지면서 일상적인 강의 진행에 지장이 생기는 경우도 있다.[70] 좋은 성적으로 학업을 마치지 못한 졸업생은 취업 현장에서도 인정을 받지 못해, 상황이 개선되지 않는다면 중국 유학생 혹은 한국 유학생들은 선진국으로 유학을 다녀온 사람들에 비해 능력이 떨어진다는 인상을 각인시켜, 우수한 학생들이 중국이나 한국으로의 유학을 포기하게 될 것이다. 한·중 교류를 위해 활약할 인재들의 능력이 상대적으로 저조하다면, 그들의 한·중 교류에서의 촉진 작용도 마찬가지로 떨어질 것이며, 한국에 있는 중국인 유학생에 대한 인상이나 중국의 한국인 유학생에 대한 인상도 타격을 받을 가능성이 크다.

(3) 한·중 경제인 교류의 문제점

첫째, 한·중 수교 초기 10년 동안 수많은 한국의 재중국 중소기업

70_유학 경험이 있는 학생의 인터뷰 자료.

은 중국의 지방 경제에 큰 공헌을 했고, 노동시장에 많은 일자리를 제공했지만 중국의 산업이 발전함에 따라 많은 기업들이 점차 연해 지역에서 철수하고 있다. 중국에 투자한 한국의 중소기업은 대부분 저부가가치 산업이었고, 1990년 한국에서 이미 도태 위기에 직면해 있었다. 이들은 저가의 중국 노동력과 우대 혜택 때문에 중국을 선택했다. 당시 중국의 지방정부는 경쟁적으로 외자를 유치했고 입주하는 외자 기업들에게 몇 년간 면세 등 우대 정책을 제공하는 경우가 많았다. 한국 기업들은 중국에 진입한 뒤 한 도시에서 몇 년간 우대 정책을 누리고 나서 다른 도시로 이전해 그곳의 외자 우대 정책을 계속 이용하는 경우도 있다. 2000년 이후 중국의 노동 가격이 지속적으로 상승하고 외국 기업에 대한 우대 정책이 폐지되면서, 많은 한국의 중소기업들은 기업을 운영하기 어려워졌다. 게다가 중국의 기업 청산 법규가 복잡해지면서 일부 기업들은 '야반도주' 방식으로 불법적으로 중국에서 철수하기도 했다. 산둥의 칭다오를 예로 들면, 2000년부터 2007년까지 8,344개의 한국 기업이 이곳에 투자하고 있었는데, 2003년 21개 한국 기업이 야반도주로 불법 철수했고, 2007년까지 그 수는 206개에 이르렀다. 산둥 성 대외무역청(外經貿廳)의 조사 결과를 보면, 이 206개 한국 투자 기업은 현지에서 2억6천만 명을 고용하고 있었고 불법 철수할 당시 체불 임금이 1억6천만 위안에 달했다. 또한 은행 대출 미상환금이 7억 위안이었다.[71] 야반도주를 한 중국의 한국 기업은 비록 소수이지만 중국 사회는 이로 인해 큰 소동이 일어났고, 전체 한국 기업의 신

71_"靑島逃逸韓資企業欠工資1.6 億欠銀行",『經濟參考報』(2008年3月24日).

뢰도에 상처를 입혔다.

둘째, 한·중 양국에서 상대국의 중소기업주들과 무역상들에 대해 좋지 않은 평가가 존재한다. 칭다오·웨이하이·톈진·다롄·옌지(옌볜) 등 한국 기업이 집중된 도시에서 한국인 중소기업가와 상인은 현지인들이 한국을 이해하는 하나의 중요한 창구이다. 이들 도시에서 한국인의 근면하고 성실한 미덕은 중국인들에게 잘 알려져 있다. 그러나 일부 한국인들은 중국인에게 실망을 주고 있는데, 한국인들이 종종 신용이 없거나 단기적 목표만을 지녀 장기적으로 협력하기 힘들다는 인상을 주어 전체 한국인에 대한 이미지에 큰 타격을 주고 있다. 한편, 한국으로 수출한 중국 상품들 가운데 품질이 낮은 제품, 예컨대, 납 꽃게처럼 건강을 해치는 제품들도 있어서 중국 상인들의 도덕성과 성실성 또한 한국 사회에서 비난을 받은 바 있다.

셋째, 주중 한국 기업에서 중국 직원과 한국 직원 간에 문화 차이로 인해 종종 충돌이 일어난다. 중국의 한국 기업에서 일하는 한국 직원은 대부분 중상위급 간부이고 중국 직원을 지도하는 위치에 있다. 그들은 중국 직원과 함께 일하는 과정에서 중국인과 한국인의 업무 태도와 상급자를 대하는 태도가 다르다는 것을 알게 된다. 중국 직원에 대해 실망하는 경우는 대략 다음의 몇 가지다. 업무 태도가 소극적이고 초과근무를 하지 않으려 하며, 마땅히 처리해야 할 일들을 하지 않거나 조금만 더 하면 끝나는 일을 퇴근 시간이 되면 그대로 방치하고 간다는 것이다. 또한 업무 몰입도와 애사 정신이 부족하고, 일을 돈을 버는 도구로만 생각해 기업의 이익에 대한 고려 없이 어려운 일은 피하려 하고 일에서 번번이 빠진다는 것이다. 업무 과정에서 상급에 지침을 요구하거나 보고하는 경우가 적고 자신의 생각대로 업무 계획을 바꿔 버린다는 것도 지적된다. 역으로 중국 직원들도 한국 기업에 불만이 있다. 그들은 한국 기업의 초과근무 문화에 적응하지 못하고, 가부장적 상하 관계를 받아들이기 힘들다. 또한 중국 직원들이 보기에 한국 기업은 인사 제도가 경직되어 있고 경쟁 기제가 없으며, 젊은이들의 고속 승진이 불가능하고, 남성 중심의 기업 문화를 가지고 있다. 많은 중국 직원들은 한국 기업에는 형식화된 업무가 너무 많고 업무 효율이 저조하다고 느낀다.[72] 한·중 경제인 교류가 많은 공헌을 했음에도 불구하고 이와 같은 문제들은 그동안 쌓아올린 신뢰를 약화시키는 결과를 가져올 수 있다.

2) 한·중 학술 교류의 문제점

첫째, 한·중 학술 교류를 통해 상대국을 이해할 수 있어야 함에도 서로의 경제적 성과를 학술적으로 규정하는 데 치중하는 경향이 있다. 중국에게 한국은 압축 성장을 통해 기적을 이룬 국가이므로 한국의 경제 발전 모델을 배우고자 하고 농촌의 새마을 운동을 학문적으로 도입하려고 한다. 한국에게 중국은 세계의 공장이자 시장이고 경제적 기회의 땅이므로 어떻게 하면 경제적 이득을 얻을 것인가를 학문적으로 탐구하는 데 치중하고 있다. 이는 서로의 학술 교류에서 경제 분야가 차지하는 비중이 높은 것에서도 알 수 있다.[73] 중국이나 한국에게 상대는

72_재중 한국 기업에서 일하는 중국인 인터뷰 자료.

73_중국 관련 결과물 통계에서, 2000년대 단행본의 경우 경제 분야가 24.47%, 학술지 분야

경제적 기회의 땅으로만 비춰지는 것이다.

둘째, 학술 교류에는 상대국의 역사를 진지하게 대면하는 자세가 필요하다. 그러나 근대화를 완성하기 위해 노력했던 과거에는 크게 관심을 기울이지 않고, 현재의 화려한 모습에만 주목하는 경우가 많다. 혁명을 성공시킨 사회주의 국가로서 중국이 독립적이고 완성된 국가를 건설하기 위해 흘린 피와 땀을 이해하려 하기보다는, 개혁 개방 이후 중국의 발전 전략과 증가하는 부자들의 소비 생활에 초점을 맞춘다. 중국은 새로운 사회주의 국가를 건설하기 위해 고통스러운 경험을 했다. 반우파 투쟁, 문화혁명, 천안문 사건 등은 오늘의 중국을 있게 한 분투의 과정이며, 이에 관심을 갖는 것이 중국을 이해하는 올바른 길이다. 하지만 한국에게 이 같은 중국의 생생한 경험보다는 눈에 보이는 현상만이 중요한 것 같다. 중국도 한국이 아시아의 네 마리 용으로 부상한 것에 신기해하면서 한국의 개발독재 경험과 재벌의 역할에 주목해 왔다. 발전 신화와 유교적 가치가 강하게 남아 있는 한국 사회의 모습은 전통과 현대화를 잘 조화시킨 이상적 모델로 학습의 대상이 되었다(한홍석 2004, 121-154). 즉 정치적 억압을 유지한 채 경제 발전을 이룩한 박정희 식 개발 독재 모델을 이상화한 것이다. 하지만 한국에서 민주화를 달성하기 위해 수많은 희생이 있었다는 것에는 상대적으로 덜 관심을 보인다. 한·중 문화 교류는 두 나라의 전체적인 모습을 보여 주기보다 서로가 원하는 모습만을 보여 주는 것인지도 모른다. 두 나

에서 경제 분야가 6,576건으로 33.4%, 석·박사 학위논문에서 경제 분야가 절대적 우위를 보여 37.02%를 차지했다. 국회도서관 검색. 이종민(2003, 308-328) 참조.

라의 명과 암을 모두 봐야만 서로를 이해할 수 있는데 자신들에게 이익이 되거나 필요한 부분만을 보려고 한다. 학술 교류가 서로의 상처와 아픔을 생생하게 기억하고 현재를 있게 한 역사적 경험과 상대 국가의 내부적 문제에 좀 더 다가가려는 노력이 필요한데 여전히 그 길은 멀어 보인다.

셋째, 한국과 중국은 학술 연구를 통한 협력을 늘 강조하고 있지만, 여전히 답보적인 상황이다. 이는 한·중 양국 간에 벌어진 '동북 공정'이나 '강릉단오제' 논란에서 학술계가 의미 있는 역할을 하지 못한 데서도 나타난다. 양국 학계나 전문가들이 오히려 상대방을 이해하지 못하고 편견으로 인해 논쟁에 불을 붙이는 결과를 가져오기도 했다. 2003년 고구려사 관련 분쟁의 경우, 학술적인 소통과 교류가 이루어지고 공동으로 연구를 진행했더라면 이 문제가 객관적이고 진지하게 논의될 수 있었을 것이다. 그러나 고구려사 문제는 언론의 선정적인 보도로 인해 민족주의 감정을 자극하며, 그동안 한·중 간의 교류 노력에 찬물을 끼얹음으로써 허탈함을 느끼게 했다. 어느 한 국가의 일방적인 책임만은 아니지만 한·중 교류에서 역사와 관련해 학술 논의가 원활하게 이루어졌다면, 서로 이해의 폭을 넓혀 문제를 해결할 수 있었을 것이다.[74] 학술 연구는 객관적이어야 하며, 추측이나 주상이 아니라 학문적 근거를 찾아내 연구하고 소통하는 것이어야 한다. 그러나 한·중 학술 교류는 형식적인 경우가 너무 많으며, 수많은 토론회·세미

74_중국의 역사 문화에 대한 이해와 현실에 대한 분석 없이 한·중 문화 교류가 무계획적· 단발적·일방적으로 진행되었다는 아쉬움을 표현하는 글로는 오수경(2002)을 참조.

나·학술 대회가 열리고 있음에도 불구하고 무역마찰이나 정치·외교적인 문제가 발생했을 때 현명한 중재자가 되지 못하고 있다.

이 밖에도 학술 교류가 제대로 진행되고 그 결과가 의미를 갖기 위해서는 연구 기관의 역할이 중요한데 현재 한·중의 연구 기관과 역량은 분산되어 있고 중복이 심하며 수준 또한 그다지 높지 못하다. 학술 교류를 진행할 인재의 배양에 있어서도 아직 제대로 된 청사진이 제시되지 못하고 있다. 또한 학술 교류로 인해 1990년대 이후 상대 국가에 대한 연구가 양적으로는 비약적으로 발전하고 있지만, 연구 경향이나 주제의 선택, 그리고 연구 방법의 차원에서 특정 분야에 편중되어 있으며, 깊이 있는 질적 연구가 부족한 상황이다.

3) 한·중 문화 예술 교류의 문제점

첫째, 한·중 문화 예술 교류에서 가장 심각한 문제는 교류가 불균형하다는 데 있다. 한류를 통해서도 알 수 있듯이, 한·중 문화 예술 교류는 아직까지 너무 일방적이다. 중국에는 다수의 한국 영화와 드라마가 진입하고 있으나, 한국에서 상영 혹은 방영되는 중국 영화나 드라마는 매우 적다. 한국은 문화 상품 교역에서 흑자를 보이고 있는 반면, 중국은 적자 상태를 유지하고 있어, 중국 대중 특히 네티즌의 불만을 사고 있다.[75] 중국인들이 한국의 문화 상품을 통해 한국을 이해하는 폭

75_한·중의 문화 상품 교역 비율은 1 대 10이다. 2002년 중국에 수입된 한국 드라마는 67편이었지만 2005년에는 150편으로 늘어났다. 2005년 10월 『아주주간』은 신한류 대 반한

이 넓어진 반면, 중국 현실을 이해할 수 있는 중국 드라마가 한국에 방영되지 않으므로 한국인들이 중국인들의 생각과 생활을 알기란 쉽지 않다. 한국 3대 채널이 매년 들여오는 중국 드라마는 수입 외화 드라마 가운데 5%에 불과하다. 그 결과 이런 불균형이 중국인들에게 한국에 대한 거부감을 일으키기도 한다.[76] 중국인들은 왜 한류를 계속 받아들여야 하는가에 대해 의혹을 제기했고 청소년들이 한류에 열광하는 것을 부정적으로 바라보는 시각이 등장했다(신윤환 2006). 중국 사회에 한국 문화에 대한 비판 현상이 나타난 것이다.

둘째, 한류에 대한 한국인들의 자가당착을 지적할 수 있다. 한국인들은 중국에서의 한류 현상에 대해 과도한 의미를 부여하거나(이은숙 2002, 31-34), 자문화 중심주의를 펼치기도 한다. 예컨대, 한국인들이 중국보다 훨씬 문명화되고 경제적으로 발달했다는 우월감 같은 것이다. 한류란 하나의 흐름이고 일시적인 현상일 수 있는데, 한국 문화의 우수성, 중국 문화의 낙후성을 이야기하는 것은 한·중 문화 예술 교류의 발전에 걸림돌로 작용할 가능성이 많다.[77] 한국 대중문화와 스타 시스템의 우수성과 능력을 과대평가하는 자기만족적인 성향도 나타난

류를 표지로 내세워 험한(嫌韓)과 험중(嫌中)이라 불리는 정서에 대한 우려를 나타냈다.

76_한 학자는 이를 중국인에게 선망의 대상이던 한국이 실망의 대상으로, 그리고 한국인에게 기회였던 중국이 두려움의 대상이 되는 상호 '인지상의 변화'(互相認知的錯位)가 가져온 결과라고 해석한다(石源華 2008, 39-42).

77_한국과 중국의 문화에서 헤게모니를 가진 것은 영어권 문화이므로 한·중의 문화 관례를 피지배 문화와 헤게모니 문화로 규정할 수는 없다. 한·중 문화 교류는 전 지구적 시야에서 볼 때 피지배 문화 사회 간의 교류라고 하는 것이 더 타당하다.

다.[78] 문화 수출에 대한 우월감은 여러 가지 문화 행사를 진행함에 있어 무성의한 태도로 귀결되기도 한다. 특히 중국에서 열리는 한국의 대형 문화 행사가 무계획적인 기획이나 차질로 인해 중국인들의 감정을 상하게 한 사례가 있었다.[79]

셋째, 한·중 문화 예술 교류를 통한 부분적이고 파편적인 이해가 오히려 상호 오해를 갖게 할 수 있다. 사람들은 한류가 한국 고유의 전통과 문화를 중국에 전파시킨다고 생각한다. 하지만 과연 한국의 드라마 혹은 K-pop으로 불리는 가요가 한국의 전통이며 한국의 현실을 제대로 보여 주는 문화적 형태일까. 중국 사람들은 한국 드라마를 보면서 유교 전통과 가족애가 한국 사회의 전통과 현실이라고 생각할지 모르지만, 역사극이든 트렌디 드라마든 한국 사회의 상황을 정확하게 보여 준다고 할 수 없다. 오히려 한국 사람들이 원하고 지향하는 바가 투영되었다고 보는 게 옳기 때문이다. 이렇듯 한류의 특정 부분을 한국 문화의 고유한 부분으로 해석하는 것은 중국인들로 하여금 한국 사회와 한국인을 오해하게 만들 수 있다(石源華 2008, 39-42).

축구에서 공한증(恐韓症)을 갖고 있는 중국은 한국의 축구 경기에

78_한류가 중국에서 유행하게 된 원인이 한국적 독특성이라는 분석은 중국에 비해 한국의 문화 경쟁력이 우월하다는 전제를 담고 있다는 비판도 있다. 이는 서구 문화가 한국 사회에 팽배했을 때 사람들이 문화가 높은 데서 낮은 데로 흐르는 것이 당연하다고 본 인식과 마찬가지다. 한국 문화가 이상적이라서 중국에 확산되어야 하고 중국 문화가 추월할 수 없을 만큼 수준이 높다는 주장은 쉽게 한류 민족주의로 발전할 수 있다.

79_백원담은 '한·중 우호의 밤과 길 잃은 한류'라는 주제를 통해 2004년 7월 베이징 인민대회당에서 개최된, 한국 스타들이 총출동한 '한·중 우호의 밤'에서 생긴 문제점을 지적하고 있다(백원담 2007).

대해 편파적으로 보도하거나, 동북 공정을 통해 고구려사·발해사를 왜곡함으로써 한국인들의 분노를 사기도 한다. 고구려사 왜곡 파동은 문화 대국으로서의 중국이 아니라 한국을 위협할 수 있는 패권주의 중국, 중화주의 중국으로서의 대국 이미지를 한국인들에게 각인시키는 결과를 가져왔다.[80] 결국 한·중 문화 예술 교류는 상대방에 대한 오해를 바로잡고 이해하게 하는 긍정적인 영향도 미쳤지만, 다른 한편 자국 중심의 교류로 말미암아 부분적인 이해에 그치는 한계도 가지고 있다.

넷째, 한·중 문화 예술 교류가 경제적인 욕망만을 추구하는 것이 문제다. 물론 문화 예술 교류를 통해 서로 경제적 이익을 얻는 것이 반드시 부정적인 것은 아니지만, 경제주의적 담론이나 시장 논리만으로 문화산업의 효용성과 가치를 규정한다면 그것이 갖는 진정한 의미를 살리기 힘들다. 특히 한국 사회에서 일부 평론가들은 한류 현상을 경제적 자본의 증축과 독점이라는 맥락에서 해석하기도 한다. 즉 문화 전쟁의 시대에 한류가 상업적인 이익과 고양된 국가 이미지를 새로운 방식으로 담보해 주는 절호의 기회라는 것이다. 한류가 한·중 간 문화 교류의 차원에서 이루어져야 함에도 불구하고 실제로 경제적 이익이 크게 고려되는 경우가 많다(후펑 2007, 143-151). 시장 논리만을 중시하

80_이욱연은 한국인과 중국인들의 기억 속에 잠재된 상대국에 대한 부정적 인식이 매우 뿌리 깊으며, 양국 사이에 역사적·심리적 장벽이 여전히 높다는 것을 사례로 보여 주었다. 2002년 한일 월드컵 당시 중국인들 사이에서 일어났던 반(反)한국 열기와, 2005년 이후 중국의 '동북 공정'으로 인해 한국인들 사이에서 일어났던 반(反)중국 열기가 그것이다. 그는 이 두 사건이 한·중 수교 15년 동안에 일어난 최대의 반한(反韓), 반중(反中) 갈등 사건이라고 말한다(이욱연 2007b).

는 경제적 접근은 건전한 문화 예술 교류에 장애가 될 수밖에 없다.

　다섯째, 한·중 문화 예술 교류에 신자유주의적 흐름이 내재되어 있다는 것이다. 한국의 입장에서는 경쟁력 있는 한국의 대중문화 콘텐츠를 수출하여 경제적 수익을 극대화하고, 한국 제품에 대한 이미지를 제고하겠다는 것인데, 경제적 수익의 극대화와 국가 브랜드 향상이 언제나 일치하는 것은 아니다. 경제적 수익의 극대화 과정에서 문화 정체성이나 문화적 가치가 훼손될 수 있다.[81] 어떤 이들은 한국의 문화 상품이 수출산업의 한 품목이며 미국 상업 문화의 한국 버전이고, 한류 열풍은 단순히 한국의 제조업 중심의 수출산업이 문화 상품으로까지 확대된 것일 뿐이라고 주장한다. 국경을 넘나드는 초국적 자본과 미디어의 이동, 그리고 사람들의 이동으로 발생하는 복합적이고 역동적인 초문화화 현상의 일부이자 권력 재편의 과정으로 한류 열풍을 파악해야 한다는 것이다. 자본의 전 지구적 확산 추세 속에서 한국의 문화 상품이 미국을 대신해 서구의 문화 상품을 소비하게 하고, 그것을 통해 이른바 선진 문화, 미국화를 추동하는 측면이 있다. 한국과 중국의 만남이 미국이 만들어 놓은 패권적 세계 질서, 자본의 전 지구화 흐름 속에서의 교류라는 한계를 가질 수밖에 없다(백원담 2005). 중국인들

81_한류 현상은 신자유주의적 세계화의 자장 속에서, 아시아 내의 문화적 근대성의 추구, 지역 내 수용자들의 문화적 상상과 수용 과정 그리고 문화산업 간의 상호작용을 다양한 층위에 접합시켜 탐색을 시도한다는 특징을 지닌다. 이런 문화적 요인을 경제학적 시각으로 치환시켜 바라보는 신자유주의적인 시각에 대한 비판이 필요하다. 이와부치는 문화를 상업화의 기제나 경제학적인 변수로 좁혀서 다루려는 입장을 비판하고 대중문화의 생산과 지역 간의 흐름을 좀 더 다면화되고 포괄적인 시각으로 접근할 것을 강조한다(박기수 2005, 93-109).

이 아직 자국 문화의 현대적 정체성을 찾지 못했고, 그 빈 공간을 상업적 서구 문화로서 한국 문화가 채워 주고 있다는 견해를 주시할 필요가 있다.

여섯째, 자국 문화 상품이 타 지역으로 진입하고 수용되는 것을 국가주의 입장에서 민족적 프라이드와 결부시켜 강조하는 것의 문제이다. 순수한 문화 예술 교류가 아니라 경쟁적으로 문화 상품을 수출함으로써 국가 이미지를 제고하고 문화산업 대국임을 입증하고 싶어 한다. 자국의 문화가 국경을 넘어 타국에서 확산되는 현상을, 그 문화 상품을 생산해 낸 문화 공동체의 특수성과 우수성의 결과로 보는 것은 다분히 민족주의적이다.[82] 한국의 경우 국가주의적 혹은 문화 민족주의적인 담론을 생산해 내고 있고 여기에 기업이 함께 발맞추고 있다. LG전자는 한류 스타를 전면에 내세워 중국 시디롬 드라이버 시장을 공략해 150만 대를 판매하면서 시장 점유율 1위를 차지하기도 했다. 문화 교류에 대한 기업과 국가의 적극적인 개입은 문화를 매개로 중국에 일정한 정치적·외교적 헤게모니를 행사하려 한다는 점에서 문화 민족주의적인 성향을 드러낸다.[83]

일곱째, 한·중 문화 예술이 어떤 이유와 배경을 통해 교류되고 있

82_한류를 둘러싼 주류 담론 속에는 한국 대중문화물의 약진을 바라보는 소아적 문화 우월주의의 경향이 강하게 드러나며, 동남아와 중국을 포함한 문화적 타자들은 대화 상대라기보다는 단순히 소비 대상이자 시장으로서 고려되고 있다(박기수 2005, 93-109).

83_한국의 문화 민족주의는 민족문화의 고유성을 선전하는 것이 아니라 서구로부터 유입한 소비 자본주의인 문화의 토착 형식들을 전자 통신과 같은 첨단 제품들과 함께 제시하면서 일종의 하위문화 자본주의의 위력을 선전하는 것을 목적으로 한다(신윤환 2006).

는가에 대해 제대로 파악하지 못하고 있다. 사람들은 언어나 종교, 의상, 음악, 비언어적 코드, 유머, 인종 등과 같은 문화적 요소들의 동질성 또는 친숙함을 문화 전파의 결정적인 요인으로 간주한다. 즉 유사한 인종, 한자 문화권이라는 언어적 근접성, 무엇보다도 유교 문화적 전통을 공유하고 있다는 것 등이 한·중 문화 예술 교류의 원동력이 되었다는 것이다. 그러나 이런 요인들은 주로 과거에 속한 것들이며, 현재 한·중 대중의 일상에 대한 고려는 빠져 있다. 일례로 중국에서 유교는 1919년 신문화 운동 시기 이후 봉건시대의 유물로 철저하게 타도되었고, 문화대혁명을 거치면서 중국은 유교 문화적 전통과 거의 단절되었다. 사실상 서로의 문화에 대한 호기심은 현재를 사는 젊은이들의 문화적 욕구와 잘 부합한다. 한·중 문화 예술 교류가 깊이를 갖지 못하고 겉핥기에 머무는 것은 서로의 문화가 어떻게 수용되는가에 대한 철저한 검증 없이 표면적인 이해에 그치기 때문이다. 그 문화 상품을 왜 좋아하는가에 대한 진지한 성찰이 빠져 있는 것이다.[84] 문화 예술 교류의 이러한 문제점들은 한·중 양국이 서로를 심도 깊게 이해하는 데 장애로 나타난다.

84_문화 예술 교류는 해당 지역의 시장조건, 역사적 배경, 향유자의 향유 수준, 문화 정체성에 대한 인식과 발현 수준, 정치 환경 등 모든 변수가 크게 작용한다는 점도 간과되고 있다(박기수 2005, 93-109).

| 제4장 |

한·중 문화 교류와
한·중의 인식 변화

이웃한 두 나라가 가까워지기 위해서는 양국 국민이 서로에 대해 알고 이해하는 것이 필요하다. 이런 이해는 문화 교류의 결과 획득되는 것이며, 좀 더 발전적인 교류를 위한 기반이 된다. 양국 국민의 상호 인식을 통해 우리는 한·중 교류의 현황, 성과, 그리고 문제를 발견할 수 있다.[85] 한·중 양국은 오랜 교류의 역사를 가지고 있으며 각 시기마다 상호 인식 또한 달랐다.

85_한·중 양국의 상호 인식은 수교 초기에 매우 우호적이었고, 한류가 중국에서 인기를 끌면서 중국에 대한 한국인의 호감은 역대 어느 시기보다 높았으며, 심지어 한국의 전통적 우방인 미국보다 높았다. 그러나 한·중 수교 20년 동안 양국의 문화 교류가 항상 긍정적 역할만 한 것은 아니며, 특히 각종 문화 논쟁이 수면으로 떠오르면서 양국 국민의 상호 인식이 매우 악화되었다(정재호 2011, 355-360).

양국 국민의 상호 인식을 살펴보기 위해 여기에서는 한국과 중국에서 실시한 두 가지 연구 결과를 반영했다. 한국에 대한 중국인의 인식 조사는 2008년 7월부터 2010년 3월까지 "한국 이미지(形象)"라는 주제로 진행되었고 다롄·베이징·칭다오·상하이·광저우 5개 도시의 13세 이상 일반 중국인을 대상으로 조사를 진행했다. 수거한 유효 설문지는 3,291부였고 58개의 심층 인터뷰를 포함시켰다. 설문 조사는 일대일 면담 형식으로 이루어졌고, 상이한 생활공간(중학교·고등학교·대학교·회사·공장·주택단지), 성별과 연령의 비율에 따라 우선 응답자의 비율을 분배하고 무작위 추출(random sampling)의 방식으로 설문 조사를 마쳤다(王曉玲 2009).

중국에 대한 한국인의 인식 조사는 2009년 10월과 2010년 2월 두 차례 "중국 이미지"라는 제목으로, 서울에 거주하는 19세 이상 일반 한국인을 5개 조(총 30명)로 나누어 공동 조사했다. 수거한 유효 설문지는 1천 부였다. 조사 대상 선택은 2009년 12월 한국 주민등록 인구의 성별, 연령, 거주지 분포를 근거로 다단계 무작위 추출 방식을 통해 응답자를 추출했다. 설문 조사는 컴퓨터 보완 전화 인터뷰 방식(Computer Assisted Telephone Interview, CATI)을 사용했다(董向榮·王曉玲·李永春 2011).

일반인이 타국에 대한 인식을 형성하는 경로에는 네 가지가 있다. 첫째는 직접 체험으로, 상대 국가에 여행을 가거나 거주하는 경우가 여기에 해당한다.[86] 둘째, 매체 혹은 출판물을 통해 접하는 것이다. 셋

86_한국 국민 중 중국을 경험한 사람의 비율은 매우 높아 2010년에 중국을 방문한 한국인

째, 문화 예술 교류를 통해 상대 국가의 문화 상품을 소비하는 것이다. 넷째, 상대국의 제품을 통한 것이다.

우선, 수교 이후 양국 국민의 상호 인식을 검토하기에 앞서 수교 이전, 역사 단계마다 상호 인식이 어떻게 변해 왔는지를 간략히 살펴 볼 것이다. 둘째, 인적 교류가 상호 인식에 어떤 변화를 주었는지 분석 할 것이다. 셋째, 한·중 문화 예술 교류 특히 한류는 중국인이 한국을 이해하는 중요한 창구이므로, 한류가 중국인의 한국관에 미친 영향을 검토할 것이다. 넷째, 상호 인식을 매개하는 데 중요한 역할을 하는 양 국 매체가 상대국에 대해 어떤 보도를 하고 있는지, 이를 통해 상호 인 식은 어떻게 형성되었는지를 알아볼 것이다.

1. 수교 이전 한·중의 상호 인식

1) 수교 이전 중국에 대한 한국인의 인식

수교 이전 한국인이 중국인을 어떻게 인식하고 있었는가에 대해 대략 세 가지 단계로 구분해 볼 수 있다. 근대 이전과 근대 이후, 냉전 시기가 바로 그것이다. 근대 이전, 즉 고대 시기부터 한국인의 눈에 비 친 중국은 '상국'(上國)이었다. 상국인 중국은 대국, 군사 강국, 경제 강

은 407만6천 명으로, 이 숫자는 한국 인구의 거의 10%에 달한다. 2010년 한국을 방문한 중국인은 172만4천 명이었다.

국만이 아니라 세계의 중심으로 인식되었다. 조선이 서구의 민족주의 사조를 받아들이기 이전 세계 질서에 대한 중국과 조선의 인식은 '천하'라는 구조 속에 있었고, 이때 중국은 천하의 중심이었다. 중국 문화에 대한 조선의 존경은 명 시기 최고조에 달했는데, 당시 조선은 외교나 국내 정치, 문화영역에서 사대주의가 팽배했다. 조선은 중화 문화를 받아들였음을 자랑스러워했고, 중화 문화로부터 거리를 둔 일본을 야만적이라고 생각했다. 고대에는 민간의 직접 교류는 흔치 않았고, 단지 조선의 문인과 사신들이 남긴 기록을 통해 당시 조선인들이 중국을 얼마나 동경했는지를 짐작할 수 있다.[87]

청나라가 중국을 통치한 뒤에도 조선은 여전히 중국 명나라의 중화 문명을 신봉했으며, 만주족을 야만족으로 보고 조선이 중국 문화의 정통 계승자라고 여겨 자국을 '소중화'라 칭하면서 문화적 우월감을 가졌다. 청조 시기 조선 사신이 기록한 『연행록』을 보면 '존화양이'(尊華攘夷)와 '존명사대'(尊明事大)의 사상적 영향을 발견할 수 있으며, 연경을 방문한 뒤 느낀 복잡하고 모순적인 심정이 나타난다. 즉 그들은 웅대하고 화려한 황궁의 건축과 장엄하고 엄숙한 조례 의식을 상찬하면서, 다른 한편 황궁에 거주하는 만주족 통치자를 멸시하고 비방했다. 그러나 18세기 후반에 이르면 조선 지식인은 청에 대한 한족의 굴복과 만주족의 지배를 인정하는 쪽으로 바뀌게 된다. 그들은 만주족인 중국

87_중국 명조의 수도 연경은 조선의 모든 사대부를 매혹시켰고 선망의 장소였으며, 연경에 다녀온 조선 사대부들은 중국 문화와 문물에 대한 장황한 설명과 더불어 이를 예찬하는 글을 썼다(徐東日 2009).

의 사대부가 여전히 중화 문화의 영향을 받아 박식하고 점잖고 겸손하면서도 대국의 품격이 있다고 생각했다. 중국의 강남(江南) 지역을 돌아본 조선의 사대부는 중국의 풍물과 중국 문인들에 대해 기록을 남겼는데, 강남 지역의 화려함과 부유함, 중국 문인이 소장한 유가 서적의 방대함에 절로 감탄했고 중국 사대부의 학식과 작풍을 매우 찬탄했다.[88] 이를 통해 근대 이전 조선인들의 대중국 인식이 어떠했는지를 단편적으로 볼 수 있다.

근대에 들어서면서 조선은 중국의 몰락을 목격했다. 중국 문화나 조공 관계에 미련을 갖는 지식인들도 일부 있었지만, 사대주의가 개화파의 비판을 받게 되었으며, 중국은 결국 서구 열강의 침략으로 무너져갔다. 그 결과, 종주국과 패권국으로서 중국의 이미지는 사라졌고, 근대화 노선에서 실패하고 쇄락한 전형으로 보였다.

1882년 중국과 조선은 '조청상인수로무역장정'(朝淸商民水路貿易章程)을 체결했고 다수의 중국인이 장사를 위해 조선을 방문하게 되었다. 이를 통해 양국 국민이 직접 접촉하는 기회가 많아졌다. 중국인들은 대부분 맨손으로 건너왔지만 단기간 안에 조선 각지로 활동 무대를 넓혔으며 부를 축적했다. 중국 상인들이 상업적 거점을 확보해 나가자 조선인들은 중국인에 대해 부정적 인식을 갖게 되었다. 한편, 중국 상인들은 한 지역에 모여 살면서 내부 결속을 다졌으며, 조선인에 대해 상대적으로 강한 민족 자부심을 가지고 있었다. 조선의 화상(華商)은 자주 조선인과 충돌했고, 조선인이 중국 상인을 구타하거나 중국 상점

88_최두찬(崔斗燦)의 기록(徐東日 2009).

을 파괴하거나 불태우는 일도 있었다. 화상은 청나라 병사와 함께 조선인의 점포를 엉망으로 만들어 놓거나 조선인들이 강제로 땅을 팔도록 압박했다. 당시 조선인과 중국인의 충돌은 대부분 경제적 충돌로, 조선인이 종종 약세에 처했다. 자료에 의하면, 1883년 7월에서 9월까지 한성 화교와 조선 상인 간에 15건의 채권 분쟁이 있었는데, 채권자는 모두 화상이고 채무자인 조선 상인은 재산을 포기하거나 감옥에 갔고, 화상은 이로 인해 경제적 손실을 보았음을 알 수 있다.[89] '상국'으로서의 이미지는 이때부터 탐욕스럽고 오만하고 계산에 능한 중국인의 이미지로 바뀌어 갔다(전우용 2003, 398). 이후 중국은 청일전쟁에서 패해 시모노세키 조약으로 조선에서의 종주국 지위를 상실했으며, 조선의 친일 내각은 청상보호규정(保護淸商規則)을 제정해 화교의 활동에 큰 제약을 가했다. 중국은 이후 조선인에게 더 이상 '상국'이 아니었으며 대량의 중국 쿨리(苦力)들이 조선에 유입되면서 중국인은 조선인들에게 동정과 멸시의 대상이 되었다.[90]

수교 이전 한·중의 상호 인식에 가장 크게 영향을 미친 것은 1950년 한국전쟁이다. 북한을 지원했던 중국은 한국과 적이 되었고 휴전 이후 한국과 북한이 장기간 대립하면서 중국도 한국과 격리되었다. 한

89_陳樹棠的訴訟, "辦理生盛號被劫永來盛號被盜兩岸卷", 『淸季駐朝鮮使館檔』, 1884年4月-1884年5月.

90_중국과 조선의 엘리트들은 일본의 침략에 대항하기 위해 연합하기도 했다. 그러나 중국 엘리트들이 조선을 동정한 것에 반해, 조선의 엘리트 계층은 연합의 의지를 가지면서도 한편으로는 중국의 근대화 과정의 실패를 부시했다. 또한 그들은 중국인들이 조선을 여전히 과거의 종주국으로 보고 중국이 보호해야 한다고 생각하는 것에 대해, 중국인을 동정하면서도 반감을 가졌다.

국 정부는 레드 콤플렉스를 통해 부단히 반공 교육을 실시했고 사회주의는 비민주적이고 비인도적이며 낙후된 정치제도로 묘사했다. 1970~80년대 한국의 학생운동은 공산주의 이론을 일부 받아들였는데, 이런 좌파 사상은 정부의 엄격한 통제를 받았으며, 공산주의 관련 책은 금서가 되고 급진적 인사들은 안기부에 의해 체포되었다. 북한과 모든 사회주의 세계가 악마로 규정되던 시대에 한국인들은 사회주의 제도에 공포와 적대감을 갖게 되었으며, 중국 또한 북한을 옹호하는 사회주의 적대 국가로 인식되었다.

2) 수교 이전 한국에 대한 중국인의 인식

고대 중국은 초기에는 조선을 '동류'(同類) 혹은 '해내지국'(海內之國)으로 보았지만 점차 '아류' 혹은 '역외번국'(域外藩國)으로 생각했다. 춘추전국시대의 수많은 문헌에서 당시 중국인은 조선을 중국의 일부분으로 보았다고 나온다. 진이 중국을 통일한 이후 장성을 건축하면서 나와 타자 간에 명확한 물리적 경계가 생겼다. 한나라는 일찍이 전쟁을 통해 조선을 점령하고 한사군을 설치했다. 그러나 당시 중국인의 눈에 타인은 근대적 의미의 외국이 아니라 중화 문명의 아류 개념이었다(최승현 2005). 당나라 때부터 중국과 조선 사이에는 규범적인 종번(宗藩) 관계가 만들어졌고 청대까지 기본적으로 안정적이고 평화적인 종번 관계가 유지되었다. 명 태조 말년 15개의 불정복 국가를 정했는데 그 첫 번째가 조선이었다. 명 태조 주원장은 중국 주변의 15개 나라가 중국과 조공 관계를 잘 유지하고 있는 우호국이므로 이들과 전쟁을 하는 것은 중국에 아무런 이득이 없다는 유훈을 남겼다. 명청 시기 조선은 모범적 번국으로 청 조정의 기록에 기재되었다(周方銀 2011, 46-47). 당시 조선은 중국을 향해 신(臣)이라 칭했고 군신의 예를 다했으며 중국 문화를 추종하고, 침략을 받았을 때는 중국의 비호를 받았다. 그러나 중국은 조선의 내정이나 외교에 깊게 간섭하지 않았다. 당시 중국인은 조선이 중국 문화를 받아들이고 사대를 한다고 여겼으며, 비록 외번이지만 다른 번국과 다르고 중국의 일부분과 같다고 여겼다. 즉 조선은 중국 판도와 다르지 않고 관상 문물이 중국과 같으므로 다른 국가의 모범이라고 생각한 것이다(江登雲 1999, 51).[91]

근대시기 중국의 천하 체계의 시각은 민족국가 개념에 의해 대체되었다. 서구 열강과 일본이 조선 반도를 호시탐탐 노리는 상황에서 중국은 이미 조선을 '아중화'(亞中華)로 간주할 물리적 역량을 상실했다. 하지만 조선이 중국의 번국임을 여전히 강조했고 조선에 대한 실제 관리를 진행해 열강들 앞에서 청과 조선의 종번 관계를 명확히 하려 했다. 그러나 중일전쟁에서 청이 패하고 시모노세키 조약이 체결되면서 조선에 대한 중국의 영향력은 상실되었다. 19세기 1860~70년대 중국은, 프랑스·일본 등과의 외교교섭에서 서구 국가들이 조선과 외교 관계를 맺으려고 할 때마다 조선이 중국의 번국임을 강조했다(최승현 2005). 1880년대에 와서 청 정부는 더 이상 러시아와 일본 등 열강의 조선 침탈을 좌시하기 힘들었고, 의식과 예의상의 종번 관계를 파기하고 실제로 조선에 간섭하기 시작했다. 중국은 임오군란 진압을 계기로 조선에 군대를 파견했고 조선과 조청상민수로무역장정을 체결했다.

91_비록 번이지만 실제로 안은 같다는 말도 전해졌다(魏源 1999, 67).

이는 국가 간이 아니라 국내의 무역 장정이었으며, 당시 조선 국왕과 이 장정을 제정하기 위해 교섭하러 나선 것은 중국의 북양 대신이었다. 이 장정에서 중국의 치외법권, 영사재판권, 항도 개설권, 한강 항운권 등 권한에 대한 규정을 만들었다(王鐵崖 編 1957, 406-407). 리홍장은 주조선총리교섭통상대신(駐扎朝鮮總理交涉通商事宜大臣)으로 조선의 관리라 칭했는데, 이러한 정책은 모두 한국과의 종주 관계를 명확히 하려는 것이었다(林明德 1984, 126). 이에 근거해 청조는 인천·부산·원산의 개방 항구에 전관조계를 설치했고, 중국 상인이 한성에 거주하면서 상업 활동을 할 수 있게 했으며, 점차 활동 범위를 조선 전체로 확대시켰다. 당시의 중국은 이미 양무운동을 경험했고 중국인은 국방 강화, 공업 발전, 서구 문명 접촉이라는 중국식 근대 의식을 가지고 있었으며, 그들의 눈에 조선은 문호를 개방하지 않고 여전히 불결하고 가난하며 게으른 국가로 비쳐졌다. 조선이 일본에 병합된 이후 중국의 매체와 지식인들은 애통함을 표했고, 량치차오 등 지식인들은 조선을 중국의 경계로 삼아야 하며, 개혁하지 않으면 망할 것이라고 토로했다.

일본이 조선을 강제로 병합한 이후 1919년 조선에서 일본 식민지 통치에 반대하는 3·1운동이 일어났다. 중국 신문은 이 운동을 적극적으로 보도하며, 이를 계기로 중국인도 궐기해 저항하자고 호소했다. 중국의 지식 계층은 조선인의 항거 정신을 찬양하는 한편 조선의 항일 운동을 지지하고 항일 연맹을 결성하자고 호소했다. 이러한 분위기에서 조선의 항일 운동가들은 중국 상하이에 해외 임시 정부를 설립했다. 그러나 조선인에 대한 중국 민중의 인식이 전부 긍정적이었던 것은 아니다. 당시 일본은 "일본인은 한국으로, 한국인은 중국으로"라는 이민정책을 시행했고, 중국으로 이주한 조선인과 중국인 사이에서 토지·부동산 소유권 문제를 둘러싸고 많은 분쟁이 일어났다. 일본은 조선을, 중국을 침략하기 위한 발판으로 삼았고 조선인들을 전면에 내세웠다. 이들로 하여금 중국 동북 지역을 침탈해 질서를 유지하게 했으므로, 당시 중국인의 시각에서 조선인은 일본 침략자를 등에 업고 중국인을 괴롭히는 가오리방즈(高麗棒子)로 여겨졌다.[92]

1950년 한국전쟁은 중국인의 한국 인식에도 큰 영향을 미쳤다. 중국은 북한을 지원하고 국토를 방어하기 위해 한미 연합군과 전쟁을 했고 한·중은 적국이 되었다. 중국인들에게 북한은 형제이며 한국은 적대 국가이고 이승만 정부는 미 제국주의의 하수인이었다. 한국전쟁에서 한·중 수교까지 양국 국민은 상호 교류가 없었고 서로를 이해할 기회도 전무했다. 중국인은 한국보다 북한과 친밀한 우호 관계를 유지했고, 항미 원조 이후 〈영웅소녀〉(英雄兒女), 〈상감령〉(上甘嶺), 〈금희와 은희의 운명〉(金熙和銀熙的命運), 〈꽃 파는 처녀〉(賣花姑娘) 같은 항미 원조와 조선 노동 인민을 주제로 한 영화가 중국에서 유행했다. 이들 영화에서 미 제국주의와 착취계급은 북한과 중국 노동자의 공동의 적이었고, 북한 사람은 근면하고 용감하며 착취계급과 제국주의에 반항하는 중국의 형제로 각인되었다.[93]

92_ 방즈(棒子)는 몽둥이란 뜻이다. 당시 일본 식민지였던 만주 지역에서 치안 유지를 담당했던 조선인들이 몽둥이를 들고 다녔기 때문에 중국인들은 이들을 고려 몽둥이라고 불렀다.

93_ 냉전에서 벗어난 오늘날도 많은 노인들은 북한과의 문화 교류를 기억하며 종종 젊은 시절의 아름다운 기억으로 떠올리고, 친밀감을 나타내기도 한다. 오늘날 한·중 문화 교류의 규모가 북한과의 교류를 크게 넘어섰지만, 노인들은 당시의 북한 문화를 먼저 접촉했으므로 북한의 문예작품을 통해 한국인을 이해하며 한국에 대해 매우 긍정적이다. 그들

2. 한·중 인적 교류와 상호 인식

1) 한·중 인적 교류와 한국인의 중국 인식

인적 교류는 문화 교류 가운데 상호 인식에 가장 큰 영향을 미치는 분야이다. 한국인의 직접적인 중국 경험은 한국인이 중국을 이해할 수 있는 가장 중요한 경로이다. 이와 관련된 설문 조사 결과를 보면 중국을 경험한 한국인과 일반 한국인의 중국 인식에는 차이가 존재했다. 장기간 중국을 경험한 응답자가 중국에 대한 인식이 좀 더 긍정적이었다.

첫째, 중국 경험이 많을수록 중국 경제의 급속한 발전을 좋게 평가했다. 중국에 가본 적이 없는 응답자 중에서 중국의 경제 발전에 긍정적 답변을 한 사람은 64.3%이고, 중국 여행 경험이 있는 사람 중에서 긍정적 답변은 67.4%였다. 중국에 유학이나 출장, 근무 경험이 있는 사람들이 중국 경제 발전을 긍정적으로 평가한 비율은 82.1%에 다다른다.

은 한국인들이 근면하고 소박하며 불굴의 의지를 가졌다고 생각한다. 인터뷰 자료에 의하면, "한국에 대해 말하자면 두 가지 극단적인 것이 떠오른다. 하나는 한국의 연속극으로, 한국이 부유하고 화려하고 열정적이라는 걸 알 수 있었다. 또 하나는 젊었을 때 본 북한 영화 〈꽃 파는 처녀〉 등의 작품이다. 인상 깊은 것은 그녀들이 매우 무거운 물건을 머리에 이고 다니는 장면이었다. 한국 여자들은 매우 근면한 것 같다"(53세 여자 중학교 선생), "현재 여기서 매일 수많은 한국인을 본다. 그러나 젊었을 때 본 적 있는 북한 영화는 당시 조선의 천리마 운동에 대한 것이었는데, 깊은 인상을 주었다. 그 시기 한국에 대한 인상과 현재는 매우 다르다. 그때 한국의 여자는 얼굴이 크고 매우 소박했다. 작년에 북한 예술단이 베이징에 와서 〈꽃 파는 처녀〉를 공연했는데, 아내와 같이 보면서 당시의 감정을 다시 느꼈다"(56세 남자 중소기업 사장).

둘째, 중국 경험이 많을수록 역사적으로 중국 문화가 한국에 미친 영향이 크다고 여겼다. 중국을 경험한 적이 없는 응답자 가운데 "역사상 한국에 대한 중국 문화의 영향이 크다"라는 질문에 긍정적으로 답한 사람은 34.4%이며, 중국을 여행한 적이 있는 응답자 가운데는 35.9%가 긍정적이었다. 중국과의 인적 교류 경험이 있는 사람들이 역사적으로 중국 문화가 한국에 영향을 미쳤다고 생각하는 비율은 51.3%였다.

셋째, 중국 경험이 없거나 단기간의 관광 경험이 있는 사람들과 비교해, 중국 경험이 비교적 많은 사람들은 중국인을 신뢰하는 편이었다. 하지만 중국인에 대한 인식이 더 안 좋은 경우도 있었다. 중국을 다녀온 적이 없는 응답자 가운데 "중국인은 신뢰할 만하다"라고 대답한 비율은 11.5%였고 중국을 여행한 경험이 있는 사람 가운데 이 비율은 9.6%이다. 중국에 출장, 유학, 근무 경험이 있는 응답자 중 이 비율은 24.3%까지 올라간다. 그렇지만 중국을 가본 적이 없는 응답자 가운데 "중국인은 게으르다"라는 표현에 긍정적으로 답변한 사람은 68.2%이고, 중국 여행 경험자는 78.5%, 중국 출장, 유학, 근무 경험이 있는 응답자 중에서는 85.7%까지 올라간다. 중국 경험이 없는 응답자 중 "중국인은 계산적이다"라는 표현에 긍정적 답변은 83%, 중국 여행 경험자 중 이 비율은 75%이지만, 중국 출장, 유학, 근무 경험자의 비율은 88.5%까지 상승한다.

넷째, 중국 출장, 유학, 근무 등 장기 생활을 경험한 사람들은 중국의 영향력을 높게 평가한다. 중국 경험이 없는 응답자의 경우 중국의 영향력에 대한 평균점이 60.6점, 중국 관광 경험자는 59.2점이다. 이와 비교해 중국 출장, 유학, 근무 경험이 있는 응답자는 65.8점이다.

다섯째, 중국 경험이 많은 사람들은 중국이 한국의 최대 무역 흑자 국이라는 사실을 잘 알고 있었다. 응답자들에게 미국, 중국, 일본과 여타 국가 중 한국의 최대 무역 흑자국을 선택하도록 했는데, 중국 경험이 있는 응답자 가운데 중국이 한국의 최대 무역 흑자국이라고 대답한 사람은 44.6%이고, 중국을 여행해 본 응답자는 52.7%, 중국 출장, 유학, 근무 경험이 있는 응답자의 대답은 57.7%였다.

여섯째, 중국 경험이 많은 사람들이 중국의 부상을 보는 시각도 상대적으로 긍정적이었다. 중국에 가본 적이 없는 사람들 가운데 중국의 부상이 한국에 위협이라기보다 이익이라는 대답이 16.3%, 관광 경험이 있는 사람 중에서는 21.4%였다. 이와 비교해 중국 출장, 유학, 근무 경험이 있는 사람들의 경우 이 비율은 30.8%로 높은 편이다.

일곱째, 중국 경험이 많은 사람들이 중국에 대한 호감도가 비교적 높다. 설문 조사에서 대일 호감도를 50으로 해 응답자에게 0에서 100까지 대중국 호감도의 점수를 매기도록 했다. 조사 결과 중국에 가본 적이 없는 응답자의 중국 호감도 평균은 46.1점, 중국 관광 경험자의 호감도는 46.2점으로 양자는 유의미한 차이를 보이지 않는다. 그러나 중국 출장, 유학, 근무 경험이 있는 응답자의 경우 중국 호감도는 확실히 높아서 51.2점이었다.

한·중 인적 교류의 경험은 상대국에 대한 호감을 증가시키기도 하지만, 경험이 부정적일 때 호감도를 떨어뜨리기도 한다. 아래의 인터뷰 내용을 통해 한·중 인적 교류의 문제점을 엿볼 수 있다.

"장자제(張家界)를 갔는데, 중국의 자연경관은 너무 신비스러웠지만 어디를 가든 먹는 것은 질이 떨어졌다. 음식점은 정신이 하나도 없고 항상 몇 개의 요리뿐이고 육류는 매우 적고 탕은 거의 물 수준이고 5시간이 지나면 배가 고팠다. 다행히 우리는 한국에서 간식과 컵라면을 가져가서 저녁에는 호텔에서 그걸 먹었다. 호텔도 지저분해서 보기엔 그런대로 괜찮지만 베개에 안 좋은 냄새가 배어 있었다. 중국의 서비스 직원은 너무 불친절하고 바쁘고 손님 대접을 해주지 않았다"(25세, 남자, 대학생).

"부모님과 중국 여행을 갔을 때 가이드는 암암리에 팁을 요구했고 주지 않으면 손님들에게 매우 냉담하게 굴어 결국 싸움까지 벌어졌다. 더구나 연세가 있으신 분들의 상황을 전혀 고려하지 않고 매일 장거리를 걷게 했다. 그건 중국이 넓어서가 아니라 돈을 절약하기 위한 것으로 보였다. 예를 들어 어디를 가든 입장료를 사야만 하는데 중국 가이드들은 뒷문으로 가면 표가 더 싸므로 그쪽으로 이동하자고 한다. 그리로 가려면 길이 좁아 차가 들어갈 수 없고 결국 멀리서 차에서 내려 걸어가야 한다. 여행객들은 입구에 도달하기도 전에 이미 지쳐 버린다. 부모님은 돌아오셔서 중국이 너무 냉정한 사회라고 하시며 그들 눈에는 돈밖에 없나 보다고 낙담하셨다"(37세, 여자, 회사원).

"현재 강의를 듣는 많은 과목에서 중국 학생이 절반 이상을 차지하고 있다. 그 중에서 심지어 어떤 학생은 한국어 강의를 전혀 알아듣지 못해 수업을 진행할 수가 없다. 대학원 수업의 경우 학부 수업보다 쉽게 하는데도 그들에게 발표를 시키는 게 불가능하다. 학부생 시험의 경우 백지를 내거나 중국어로 답을 쓰니 점수를 줄 수가 없다. 한국 학생들이 받는 피해가 크다. 지난 학기 성적이 우수한 한국 학생이 우리 과 대학원 입학을 신청했는데 교수들이 그 학생에게 차라리 해외로 유학을 가라고 했다. 한국에 와서 어학 코스를 1년 다니고 입학한 중국 학생들이 많은데 1년의 한국어 수준으로 어떻게 강의를 듣겠나? 또한 우리는 영어 교재를 많이 쓰는데 많은 중국 학생들이 영어와 수학 기초가 매우 낮다"(교수).

"학교에 중국 학생이 많다. 우리는 그들과 교류하고 싶지 않다. 수업에서 조를 편성할 때 같은 조가 되면 불리하다. 그들은 아무것도 안하고 한국 학생들에게 의존할 생각만 해서 그들과 다툰 적도 있다"(25세, 여자, 대학생).

"우리 학교에는 중국 학생이 정말 너무나 많다. 내가 보기에 그들은 경제력도 있고 해서 공부하러 왔다기보다는 놀러 온 것 같다. 한국어를 배우려고 노력하지도 않고 모여서 중국어로만 말한다. 전에 어떤 수업에서 조사해서 발표하는 과제가 있었는데 나는 중국 학생들과 같은 팀이었다. 결국은 내가 모두 다 했다"(20세, 여자, 대학생).

2) 현재 한국인의 중국 인식

2010년 3월 한국인 1천 명을 대상으로 실시한 설문 조사 결과를 개괄해 보면 한국인들의 중국 인식에서 다음과 같은 특징을 볼 수 있었다. 첫째, 중국에 대한 한국인들의 인상은 우선 땅이 넓고 사람이 많다는 것이다. "크다"는 인상이 떠오른다고 대답한 사람이 23%, "인구가 많다"는 것이라고 대답한 사람이 19.7%였다. 중국의 정치·경제·사회·문화나 자연경관 등 다른 특징을 말한 사람의 비율은 매우 낮았다.

둘째, 중국 경제가 매우 빠르게 발전하고 있지만 여전히 낙후되어 있다고 생각했다. 한국 응답자들은 중국 경제의 거시적 특징을 비교적

그림 4-1 | 한국 국민의 중국 경제에 대한 인식

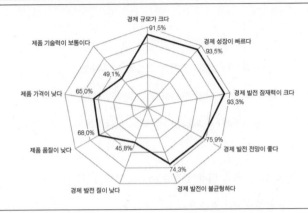

잘 이해하고 있었다. 90%이상의 사람들이 중국의 경제 규모가 크고, 성장이 빠르며, 발전 잠재력이 크지만 발전이 불균형적이라고 답했다. 거의 반수의 한국인들이 중국 경제 발전의 질이 낮다고 생각했으며, 그렇게 생각한 이유는 중국의 상품 때문이라고 했다. 이들은 중국 상품을 저가이고 질이 낮으며 가짜의 대명사로 여겼다. 한국인들은 또한 중국 경제의 발전 특징을 비교적 잘 이해하고 있었지만 구체적인 성과에 대해서는 잘 알지 못했다. 중국 국내총생산 규모에 대해서는 실제보다 매우 낮게 말했다. 2009년 중국 국내총생산은 전 세계 3위였고 2위인 일본에 근접했다. 그러나 조사 결과를 보면 중국 국내총생산이 세계 4위나 5위라고 대답한 사람들이 15.1%, 6위에서 10위라고 대답한 사람이 18.5%, 11위 이하라고 대답한 사람이 32.2%였다. 즉 현재 중국 국내총생산에 대해 절반 정도의 한국인이 중국의 10년 전 심지어 20년 전 수준으로 생각하고 있었다.

그림 4-2 | 중국 사회에 대한 한국 국민의 평가

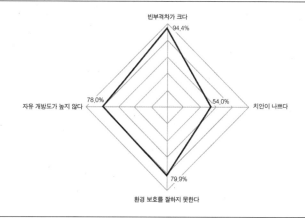

빈부격차가 크다 94.4%

자유 개방도가 높지 않다 78.0%

치안이 나쁘다 54.0%

79.9%
환경 보호를 잘하지 못한다

셋째, 한국인들은 중국 사회가 여전히 문제가 많고 아직 개방이 덜 되었다고 생각하며, 사회주의 제도에 대해 편견을 가지고 있었다. 중국 사회에 대한 인식은 "낙후되었다, 문제가 많다, 개방이 덜 되었다"로 개괄할 수 있다. 구체적으로 보면 "빈부 격차가 크다, 환경보호가 안 되어 있다, 사회 치안이 나쁘다, 개방 정도가 크지 않다"라고 대답한 사람들의 비율이 높게 나타났다(〈그림 4-2〉 참조). 인터뷰에서, 응답자들이 사회주의 국가에 대해 강한 반감과 심지어 공포를 가지고 있음을 알 수 있었다. 그들은 사회주의가 "무섭고" "보수적이고" "독재"라고 여겼다. 물론 중국을 직접 경험하면서 그들이 상상했던 것만큼 그런 무서운 사회주의가 아니라는 걸 알게 되었지만 중국 사회제도에 대한 반감이 여전히 있었다. 중국의 자유나 개방 정도에 대해 응답자의 45.4%가 보통 수준이라고 답했고, 34.1%가 낮다고 했다. 8%는 사회주의 제도가 중국의 부상을 저해하는 중요한 요인이라고 했다. 17.4%

그림 4-3 | 한국 응답자의 중국 문화에 대한 평가

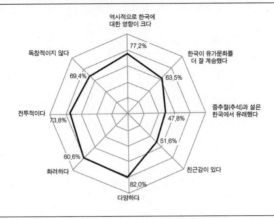

는 한·중의 사회제도 차이가 한·중 우호를 방해하는 가장 큰 원인이라고 답했다.

넷째, 한국인 응답자는 대체로 고대의 중국 문화가 선진적이며 한국에 영향을 주었음을 인정했다. 77.2%의 응답자가 중국 문화가 역사상 한국에 지대한 영향을 미쳤다고 답했다. 여전히 중국 문화에 친근감을 느끼는가라는 질문에 대해 51.6%가 그렇다고 했다. 이와 동시에 응답자들은 한국의 역사 문화에 대해서도 강한 자신감을 나타냈다. 그들은 한국이 유가 문화를 잘 계승했다고 여겼다. 설날, 추석 등 양국 공통의 문화에 대해 거의 반수의 응답자가 발원지가 중국이 아니라고 했고(47.8%), 발원지를 모르겠다는 응답은 17.6%였다. 현재 유행하는 문화에 대해, 응답자는 중국이 독창성이 없다고 했고(69.4%) 대부분은 다른 국가를 모방한다고 했다. 한국 응답자는 한국의 대중문화에 대해서도 강한 자부심을 갖고 있었다. 인터뷰 중에 많은 사람들이 중국의 현

그림 4-4 | 한국 응답자의 중국인에 대한 평가

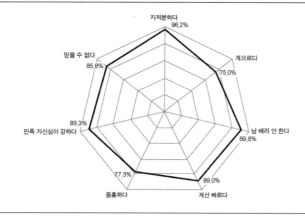

재 유행 문화는 모두 한국을 모방한 것이라고 말했다.

다섯째, 중국인에 대한 한국 응답자들의 평가는 대체로 부정적이었다. 한국인들은 중국인이 민족 자존심이 강하며 거만한 "중화사상"을 가지고 있으며 주변 나라들을 무시한다고 비판했다. 한국인의 눈에 중국인은 소양이 매우 낮고 지저분하며 자신의 이익만을 고려하고 남을 배려하지 않는다. 이들은 중국인에 대해 "음흉하다" "계산이 빠르다" 등의 특징이 먼저 떠오른다고 했다. 중국인에 대한 이런 이미지들이 청말 조선에서 활동했던 중국 상인들의 이미지와 흡사한 걸 보면 그때부터 형성된 이미지가 이어지면서 일종의 스테레오 타입이 되었음을 알 수 있다.

여섯째, 한국 응답자들은 한중 경제협력의 중요성을 강조하면서도 한중 경제 무역 교류의 실제 규모에 대해서는 여전히 낮게 평가하고 있었다. 중국이 한국 최대 무역 흑자국이라는 사실을 아는 사람은

47.5%에 불과했고, 34.3%, 8.6%와 6.0%의 응답자가 차례로 미국, 유럽과 일본이 한국의 최대 무역 흑자국이라고 생각했다. 한국인들은 지금까지 한국이 중국 경제 발전의 수혜자임을 인정하지만 앞으로도 그럴 것이라고 응답한 사람은 소수였다. 45%는 중국의 경제 발전이 한국에 기회보다 위협이 될 것이라고 여겼고, 34%는 기회와 위협이 반반이라고 생각했으며, 기회가 위협보다 크다고 답한 사람은 20%에 불과했다. 42.8%의 응답자들은 중국 경제가 계속 발전하면 국제시장에서 한국 기업들과 경쟁이 더 치열해질 것이라고 우려했다.

일곱째, 응답자 가운데 절반이 중국이 20년 이후 세계 최강국이 될 것이라고 생각했다. 한국인들이 보기에 중국은 경제·사회·문화 등 여러 측면에서 여전히 낙후되었지만 세계적 영향력에서 이미 미국을 뒤쫓는 강국이다. 설문지에서 일본의 영향력을 50점으로 설정하고 응답자들에게 미국과 중국의 영향력에 대해 0점에서 100점 사이에서 점수를 매기라고 했는데, 대부분의 응답자들은 미국의 영향력을 70에서 90점으로 평가했고, 절반의 응답자들은 중국의 영향력을 50에서 80점으로 평가했다. 미국의 영향력이 대략 중국의 1.3배인 셈이다. 하지만 20년 이후 중국이 미국을 능가하는 세계 최강국이 될 것이라고 대답한 응답자는 전체의 53.5%였다.

여덟째, 한국 응답자들은 중국에 대한 의심과 경계를 가지고 있었다. 동북아 지역의 안전 문제에서 한·중 양국의 협력은 매우 중요하다. 하지만 한국 응답자는 중국을 신뢰하지 못했다. 중국이 핵문제를 해결하는 데 긍정적인 역할을 했는가라는 질문에 대해 반수(50.6%) 응답자만이 그렇다고 답했다. 한반도 통일 문제에 있어서 응답자들은 중국을 신뢰하지 못하고 있었고, 81.5%가 중국이 한반도 통일을 지지하지 않는다고 생각했다. 또한 중국이 군사적으로 한국의 적국이라고 본 응답자가 73.1%에 달했다. 인터뷰 과정에서, 일부 응답자들은 중국이 북한의 막후 지지자라고 생각했으며, 북한 핵무기 개발을 부추겨서 한미 동맹에 도전한다고 말했다. 그들은 중국이 한반도 통일을 지지할 이유가 없으며, 심지어 중국이 기회를 노려 북한 영토를 침범할 것이라고 보았다. 중국에 대한 이러한 의심과 경계심은 한미 동맹에 대한 옹호와도 일맥상통한다. 주한미군에 대해 한국인들은 불만을 가지고 있지만 응답자들 중 45.6%가 한반도가 통일된 후에도 미군이 한국에 남아야 한다고 주장했다. 중국에 대한 경계심은 한국 응답자로 하여금 중국의 부상이라는 문제에 대해 긴장감을 가지게 만든다. 36.6%의 응답자는 중국의 부상을 부정적으로 바라보고 있으며, 긍정적인 면과 부정적인 면이 반반이라고 대답한 사람은 44.3%, 긍정적으로 바라보는 사람은 18.6%에 불과했다. 왜 중국의 부상을 부정적으로 보느냐고 물었을 때, 27.3%는 중국이 부상한 이후 패권국이 될 것임을 우려했으며, 8.8%는 한국 옆에 강대국이 생기는 것이 싫다고 대답했다. 인터뷰 중 많은 사람들이 중국의 대한국 외교 태도가 오만하고 패권적이라고 지적했으며, 중국이 강대해진 이후 고대의 중화 질서를 회복하려 할 것이며, 중국의 고구려 프로젝트가 사실상 한반도 영토를 점령하기 위한 준비로 보인다고 말했다.

아홉째, 중국에 대한 한국인의 호감도는 일본보다 낮았고 러시아와 비슷했다. 설문지에서 일본 호감도를 50점으로 해서 응답자들에게 이를 기준으로 미국, 중국, 러시아 호감도를 매기라고 했다. 결과적으로 호감도 점수에서 최고 국가는 미국이었으며, 차례로 일본, 중국, 러시아 순이었다. 미국의 호감도 평균 점수는 63.7이었다. 10.6%의 응답

그림 4-5 | 중미 호감도 비교

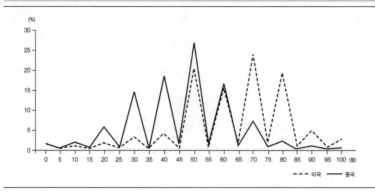

자가 미국에 대한 호감도를 일본보다 낮게 주었고 20.2%의 응답자는 미국과 일본을 같게, 69.3%가 미국에 대한 호감도를 일본보다 높게 주었다. 좀 더 구체적으로 살펴보면, 미국 호감도 평가가 70점인 응답자 비율이 가장 높았고, 모든 응답자의 24%를 차지했으며, 50점에서 80점에 81.6%가 집중되었다. 대중국 호감도는 대일본 호감도보다 낮고 러시아보다는 약간 높지만 거의 비슷했다. 44.0%는 대중 호감도가 일본보다 낮았고, 26.3%는 같았으며, 29.6%가 대중 호감도가 일본보다 높았다. 중국에 대한 호감도를 자세히 보면, 50점으로 일본 호감도와 같다고 응답한 비율이 가장 높아 26.6%를 차지했으며, 30점에서 60점 사이에 79.1%가 집중되어 있었다. 러시아 호감도와 중국 호감도의 평균치와 분포도는 매우 유사했다.

3) 한·중 인적 교류와 중국인의 한국 인식

중국은 개혁 개방 이후 선진 국가를 학습하는 데 열중했으며, 한국의 발전 모델에도 주목했다. 1980년대 한·중은 비록 수교 이전이었지만 한국의 경제 발전 성취가 이미 엘리트 계층으로부터 관심을 받기 시작했다. 1988년 서울 올림픽을 통해 중국은 한국의 발전이 매우 성공적이라고 생각했고, 이를 한강의 기적으로 평가했다. 중국인을 대상으로 한국에 대한 이미지를 묻는 인터뷰에서, 한국을 최초로 알게 된 계기가 1988년 서울 올림픽이었다고 대답한 사람들 가운데 대다수가 35세 이상이었다. 35세 이상의 20명 응답자 중 13명이 1988년 서울 올림픽을 통해서라고 했다. 서울 올림픽이 텔레비전으로 방영되면서 한국 경제의 급속한 발전을 목도하게 되었던 것이다.

"내가 최초로 한국을 안 것은 88 서울 올림픽이다. 그때 나는 고3이었는데 학교에서 오후 수업을 하지 않아 집에 와서 개막식을 보았다. 당시 개막식이 매우 화려했고 주제곡도 듣기 좋았고 서울은 매우 발전해 있었다. 88 올림픽이 내게 준 인상은 아직까지도 강하게 남아 있어서 수많은 올림픽 중에서 88 올림픽과 베이징 올림픽의 주제곡만 기억한다"(37세, 여자, 의사).

"처음 한국의 소식을 접한 것은 88 올림픽 때였다. 당시 서울 올림픽을 보고 우리가 모르는 사이에 한국 경제가 크게 발전했다는 걸 알게 되었다. 그때는 그 민족이 굉장히 단결력이 강하고 부지런하고 매우 진취적이라는 인상을 받았다. 당시 큰 충격을 받았고 한국이 이미 그렇게 발전했을 줄 몰랐다"(42세, 남자, 기업가).

1990년대 이후 일본과 한국을 비롯한 동아시아 발전 모델, 유가 자본주의가 전 세계의 관심을 끌었다. 네 마리 용 중 하나인 한국은 곧 중국의 본보기가 되었고, 정부 주도적이고 외향적인 경제 발전 모델, 한국의 기업 문화, 한국인의 창업 정신 등이 중국에서 화제가 되었다. 한·중 수교 이후 중국 중앙과 지방정부는 수많은 시찰단을 한국에 보내 경제 발전 경험을 학습했다. 중국에서는 한동안 박정희, 한국 모델과 한국 대기업을 소개하는 책들이 많이 출판되었다. 당시 한국은 성공적인 모델이자 선진적이고 부유한 국가로, 한국인은 총명, 근면, 단결, 애국, 진취적인 사람들로 비쳐졌다. 이러한 분위기는 1997년 아시아 금융 위기까지 지속되었다. 당시 금융 위기는 한국 경제에 큰 타격을 주었고, 중국인은 한국 발전 모델의 단점을 보게 되었다. 금융 위기 이후 한국 경제는 저성장 단계로 진입한 반면, 중국 경제는 고도성장을 지속했다. 중국의 발전 지역과 한국 간의 발전 격차는 부단히 좁혀졌으며, 한국 경제는 중국 경제의 발전에서 적지 않은 이득을 얻었다. 이제 중국인들은 자신감이 생겼고 한국을 모델로 삼았던 태도는 점차 사라졌다.

"대학에 다닐 때 나는 경제학과였는데 그때 자주 아시아 네 마리 용에 대해 토론했고, 당시 한국이라는 작은 국가의 압축적 성장이 우리에게 깊은 인상을 주었다. 구체적인 숫자는 모두 잊었지만 기억나는 것은 그 숫자가 모두 기적이었고 우리에게 충격이었다는 것이다. 당시 매우 부러웠지만 이후 우리의 경제 발전도 큰 기적을 창조했고 지금은 압축 성장에 대해 그렇게 흥분을 느끼지 않는다"(38세, 남자, 기업 관리자).

"1990년대의 한국은 베이징에 비해 깨끗했다. 그때 한국에서 볼 수 있는 많은 것들이 베이징에서는 볼 수 없었다. 예를 들면 컴퓨터와 인터넷이 보편적이었고, 일반 가정에도 한두 대의 자동차가 있었다. 수많은 상품의 생산기술도 우리보다 선진적이었고 가전이다 뭐다 우리보다 질도 좋고 기술도 선진적이었다. …… 현재 두 도시의 생활환경은 이미 비슷하고 생활수준도 비슷하지만 그 당시 난 그들이 매우 부러웠다"(40세, 남자, 무역 회사 사장).

한국과 중국 간에 인적 교류가 이루어지면서 한국에 대한 중국인의 인식이 좋아진 경우도 있지만 실제 인터뷰 조사에서는 부정적인 측면도 나타났다. 다음은 중국인이 한국을 여행한 뒤 받은 인상에 대한 것이다.

"우리가 선택한 한국 여행 상품은 매우 저렴해서, 4일 동안 3개 도시를 다니는데 5천 위안 정도였다. 그러나 한국에 가니까 완전히 쇼핑 패키지였다. 여행 일정에 적혀 있는 지역을 모두 가기는 했지만 경관을 본 시간은 너무 짧았으며 가이드는 끊임없이 우리를 재촉했다. 나중에는 우리도 습관이 되어 차에서 내려 빨리 사진만 찍고 서둘러 차에 올랐고 밥 먹는 것도 마치 전쟁 같았다. 가이드는 계속해서 우리를 물건 파는 곳으로 데리고 다녔고, 상점에 들어가면 재촉하는 법이 없었다. 한국에는 이게 좋으니 저게 좋으니 하면서 우리에게 자꾸 사라고 부추겼다. 돌아오는 날 공항에 일찍 도착했는데 또 잡화를 파는 슈퍼마켓에 데려갔다. 남은 한국 돈으로 작은 기념품들을 사서 지인들에게 선물하라고 했다. 나는 공항 면세점에서 물건을 살 생각으로 차에서 내리지 않았다. 그러나 그 슈퍼마켓에서 시간을 너무 많이 허비하는 바람에 면세점 구경을 못했다"(37세, 여자, 대학교수).

"나는 한국 패키지여행을 담당하고 있다. 현재 해외여행에서 한국행은 큰 매력이 없다. 사람들이 한국을 선택하는 이유는 단지 외국 관광을 경험하기 위해, 한국 관광 상품이 싸기 때문이다. 많은 노선이 한국과 일본을 다 가는데 일본과 비교해 한국의 도시는 너무 지저분하고 낡아 보인다. 중국 여행객들은 한국이 한국 드라마에서처럼 깨끗하고 정돈된 국가라고 생각하지만 한국을 다녀오고는 바로 실망한다. 특히 동대문 시장과 같은 지역은 반드시 가는데 위생이 좋지 않고 한국에 대한 첫인상을 나쁘게 만든다. 한국에서 처음 동대문 시장을 갔는데 지하도를 건너면서 내가 생각했던 한국과 너무 차이가 났고 심리적으로 너무 큰 실망을 맛보았다"(26세, 여자, 한국 여행 담당 여행사 직원).

여행을 통해 한국에 대한 인식이 더 나빠졌음을 알 수 있다. 다음은 유학생 교류를 통한 중국인의 한국 인식을 보여 준다.

"우리 학교의 한국 유학생들은 공부를 열심히 하지 않는다. 그들은 모두 본국에서 의대에 진학하지 못해 이곳으로 오는 경우가 허다하다. 열심히 하는 학생은 소수이다. 아침 강의는 항상 지각하고 수업을 자주 빼먹는다. 한국 학생들은 저녁에 늦게까지 노는 걸 좋아해서 아침에 일어나지 못하는 것 같다. 중국어 실력에도 문제가 있다. 한국 학생은 따로 반을 편성해서 수업을 하는데, 중국 학생들보다 문제를 쉽게 출제한다. 그리고 시험 범위도 말해 준다. 이렇게 해도 대부분은 성적이 좋지 않다. 시험 전에 잠깐 공부하고 시험이 끝나면 바로 교수님들을 찾아와 잘 봐 달라고 사정하는데 정말 난처하다"(37세, 여자, 대학교수).

"상하이의 한국 유학생은 점점 많아지는데 어떤 학생은 열심히 하고 또 어떤 학생은 제멋대로이고 격차가 너무 심하다. 이 경우 우리도 졸업장을 줄 수가 없다. 열심히 하는 한국 학생은 30~40% 정도인 것 같다. 또 어떤 친구들은 열심히 하려고 하지만 환경에 제대로 적응하지 못하는 경우도 있다. 중국과 한국의 교육 방식이 다르니까. 많은 한국 유학생들이 수업을 빠지고 모여서 놀거나 술을 마신다. 한국인들이 모여 사는 지역에서 한국말만 하고 한국 음식만 먹고 중국어는 잘 못하고……"(33세, 여자, 대학교수).

한·중 인적 교류에서 한국에 대한 중국인들의 인식에 중요한 영향을 준 것은 중국에 진출한 한국 기업이었다. 전체적으로는 한국 기업을 통해 중국인들이 한국을 좋게 생각하는 측면도 있지만 개별 인터뷰에서는 여러 문제점이 지적되었다.

"한국 중소기업의 사장들은 소양이 부족하다. 큰일은 아니지만, 예를 들어 시간을 안 지키는데, 2시 약속인데 3시에 오는 경우가 많다. 함께 일하게 되면 항상 잔머리를 굴리는데 아주 사소한 일에서 머리를 굴린다. 예를 들어서, 같이 식사할 때 자기가 돈을 내겠다고 하면서 지갑을 열지는 않는다. 180위안 정도의 작은 돈을 가지고 그렇게 하다니 중국인들은 기가 막힌다. 어쨌든 잔머리 굴리는 게 바로 눈에 보이지 않는가. 사업에서도 신용을 지키지 않고 가장 기본적인 사업장에서의 규율도 없다. …… 칭다오 사람들은 모두 안다. 한국인은 조선족을 속이고 조선족은 한국인을 속이고 한국인들은 모여 있으면 서로 속이려고 한다. 먼저 속이고 나중엔 속고……. 비교적 큰 사건은 한국 사장들이 빚을 지고 도망가는 것이다. 며칠 전 신문에서 봤는데, 수천만 위안을 투자한 한국 호텔이 돌연 철수하면서 임금과 물품 공급자들의 돈을 떼먹고 가

버렸다. 공안과 법원이 모두 출동을 했는데…… 사실상 그전에도 한국인들의 신용이 별로 좋지 않았고…… 장사하면서 돈을 늦게 주는 등의 일이 있었다. 노동법 개정 이후 다른 기업들은 별일 없는데 한국 기업들은 철수한다. …… 왜냐하면 그들은 경쟁 조건이 불리하고 이윤이 낮고 노동자 대우가 높아지면 사업을 안 하려고 한다. 최근에 경제가 더욱 안 좋아지면서 도망가는 기업들이 늘어나고 있다"(41세, 남자, 서비스 업계 사장, 주요 고객은 한국과 일본 기업).

"우리 회사는 외국과 무역을 할 때 한국 기업은 사양한다. 우리는 작은 회사이고 한국인들과 같이 일하기 힘들다. 그들과 무역을 했는데 돈을 지불하지 않고 도망가 버리면 몇 백만 위안인데 우리는 감당할 수 없다. 우리는 이미 고정적인 일본 클라이언트가 있어서 한국인들에게 모험을 걸 필요가 없다. 한국 클라이언트는 돈을 벌고 싶다는 계산밖에 없고 장기적인 계획이 없다. 이건 어느 몇 사람들의 문제가 아니고 한국 상인들이 사람 속이는 일이 잦고 끈기가 없어 곤경에 빠지면 자기만 챙겨서 도망간다. 장기적인 안목이 없는 것 같다"(28세, 여자, 외국 무역 회사 관리자).

"한국인은 일 중독자다. 9시, 10시까지 연장 근무를 한다. 업무 효율은 상관없이 연장 근무를 좋아한다. 한국이 너무 작고 위기감이 강해서 일하는 것만 알고 생활을 즐길 줄 모른다. 막 파견 온 한국인은 우리들이 제시간에 맞춰 퇴근하는 걸 이상하게 여기고 어찌된 거냐고 의아해 했다. 우리가 10시까지 일하고 연장 근무 수당을 받지 않길 바랐다. 중국인에게는 웃기는 일이다. 왜 우리가 더 일해야 하나?"(29세 여자).

"이전에 한국인 상급자가 연장 근무를 할 때 우리는 할 일이 없는데도 같이 기다리면서 그냥 사무실에 있었다. 그때는 결혼을 하지 않아 서둘러 집으로 갈 필요가 없어서였다. 그러나 그들의 태도는 이해하기 힘들었는데…… 낮에는 의자에 앉아 멍하니 있거나 커피 마시고 수다 떨면서 왜 퇴근 안하고 또 일하는지. 현재 경제가 좋지 않고 한국 기업도 연장 근무 축소와 보고하는 문화를 없애려고 하지만 문화란 하루아침에 바뀌는 게 아니지 않나"(30세, 남자).

"어떤 부서든 욕을 하는 상사들이 한두 명 있다. 우리 부장은 매일 소리 지르고 욕을 해댔다. 내가 기억하기로 언젠가는 사무실이 지저분하다고 했는데 우리 과장이 수건을 의자 뒤에 걸쳐놨기 때문이다. '여기가 당신 집 주방이야' 그의 욕은 중간 관리자의 체면 같은 건 전혀 고려하지 않고 우리 면전에서 일어났다. '보긴 뭘 봐? 일 안 해?' 그가 나쁜 사람인 것은 아니다. 말하고 나면 끝이다. …… 그래도 나는 이러한 기업 문화가 싫고 너무 강압적이라고 생각한다"(33세, 여자).

"대학을 막 졸업하고 한국 기업에서 일할 때 한국 회사의 위계 구조가 이해하기 힘들었다. 듣기는 했지만 그렇게 심할 줄은 몰랐기 때문이다. 예를 들어 평상시에 아주 무서운 부장이 있는데 사장이 오면 호랑이에서 고양이로 변한다. 사장님 뒤를 따라다니면서 굽실거리고 사장이 갈 때는 문 앞에서 90도로 절을 하고 사장의 승용차가 사라진 다음에야 허리를 폈다. 세상에! 우리는 창문에서 이를 지켜봤는데 정말 기가 막혔다"(35세, 여자).

"반드시 한국인 상사들이 하라는 대로 일해야 한다. 반대 의견을 내면 업무 태도가 틀렸다고 우리를 나무라곤 한다"(32세, 여자).

"한국 기업의 이직률은 매우 높다. 사람들은 한국 기업에서 경험을 어느 정도 쌓으면 대우 좋은 기업을 찾아 옮겨 간다. 왜냐하면 한국 기업은 승진이 매우 느리기 때문이다. 중국인은 능력이 있으면 인정받기를 바라지만 한국인은 능력을 그다지 중요시하지 않고 상사 말을 따르면 된다. 큰 문제를 일으키지 않으면 되고 그래서 능력이 있는 사람들은 이런 문화를 견디지 못해서 떠난다"(29세, 여자).

"사람을 쓰는 데 있어 한국의 중소기업과 대기업은 매우 상반된다. 중소기업은 수시로 마음대로 사람을 자른다. 그 사람이 얼마 동안 얼마나 일했는지는 고려하지 않고 나가라면 나가야 한다. 말도 안 되는 일이다. 대기업은 경쟁을 부추기고 인사고과 제도가 없다. 몇몇 여자 선배들의 경우 먼저 이곳에서 아이를 낳은 후에 다른 외국 기업으로 옮겨 가겠다고 했다"(24세, 여자).

"우리 회사 고위층에는 여성이 매우 적다. 다른 지사에는 있다고 들었지만 한국에서 이곳으로 파견 온 상사 중 여자를 본 적이 없다. 한국인들도 중국에서는 남녀가 평등하다고 말하고 여직원이 남자와 전혀 차이가 없다고 하지만 한국 회사에서는 여성이 승진하는 데 보이지 않는 장벽이 있는 것 같다. 예를 들면 남자들은 자주 함께 술을 마시러 가는데 우리 중국 여성들은 술도 안마시니 소외되는 느낌이다. 한국 기업은 그다지 업무 능력을 중시하지 않고 윗사람과의 소통이 더 중요한 듯하다. 여성에게는 불리할 수밖에 없다"(28세, 여자).

"제일 꼴 보기 싫은 것은 연배가 있는 한국 상사가 술 마실 때 여직원에게 술을 따르게 하고 노래를 하도록 하는 거다. 그들은 이게 한국에서는 별거 아니라고 하지만 중국인들은 매우 불편하다. 술자리에서 여직원 앞에서 야한 농담을 하는 경우도 있다"(35세, 여자).

"한국 기업의 가장 큰 특징은 많은 도표와 보고서를 내야 하는 건데 매우 정교하게 해야 하고 그런 외면적 작업에 공을 들여야 한다. 우리가 일했던 독일과 중국 기업은 이런 면에서 한국 기업과 비교가 안 되는데, 확실히 보기는 좋지만, 나도 PPT를 만드는 걸 많이 배웠지만 이건 시간이 너무 많이 걸린다. 때로는 일이 매우 바쁘기만 하고 ……. 자세히 보면 별 의미 없는 일들을 하고 있어 허무할 때가 많다"(28세, 여자).

"한국인이 참가하는 회의에서는 PPT를 잘 만들어야 하는데, 본부나 한국인이 많이 일하는 부서는 PPT가 거의 예술이다. 종종 하나의 그림을 가지고 이렇게 해보고 저렇게 해보고 골머리를 잃는다. 우리가 보기에 어떻게 그리든 내용은 같은데 그들이 때론 우매하게 느껴진다"(33세, 여자).

한국 기업에서 일하는 중국 직원들은 한국에 대해 그다지 좋게 생각하고 있지 않다는 사실을 알 수 있다. 인적 교류에서 경제인 교류는 비중이 그리 크지 않지만 상호 인식을 형성하는 데 있어 매우 중요하므로 세심한 주의가 필요하다.

4) 현재 중국인의 한국 인식

2008년 7월부터 2010년 3월까지 3,291명의 일반 중국인을 상대로 한국에 대한 이미지 조사를 실시했다. 조사 결과를 토대로 중국인의

그림 4-6 | 중국인의 눈에 비친 한국경제와 한국 상품

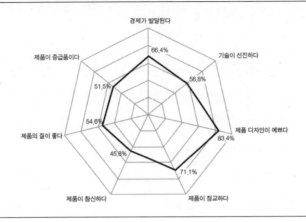

한국 인식을 개괄해 보면 다음과 같다.

첫째, 중국 응답자들은 한국 경제의 발전 정도가 중등 국가라고 했고 한국 경제의 특징, 존재하는 문제, 발전 전망 등에 대해 아는 바가 별로 없었다. 그들은 한국 상품에 대해 외관이 아름답고 정교하며 창의성, 품질과 가격에 대해서는 대부분 인정했지만 상품이 차지하는 위치는 한국의 국가 발전 수준과 마찬가지로 중간 정도라고 답했다.

둘째, 중국 응답자들이 한국 사회에 대해 갖는 인식은 '선진', '활력', '민주'로 요약될 수 있으며 전체적으로 매우 긍정적이었다. 구체적인 평가에서는 청결하고, 환경보호를 잘하며, 생활 리듬이 빠르고, 평균 교육 수준이 높고, 부유하고, 정치적으로 민주사회라고 대답한 비율이 높았다.

셋째, 중국 응답자들의 눈에 한국 문화의 가장 큰 특징은 전통과 현대의 융합이었다. 인터뷰 결과를 보면, 한국의 유행 음악과 의상 등

그림 4-7 | 중국 응답자의 눈에 비친 한국 사회

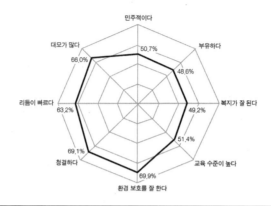

한류 문화가 중국인들로 하여금 한국의 문화산업이 발달했고 유행을 주도하고 있다는 인상을 갖게 했음을 알 수 있다. 한국 드라마는 한국 문화가 정교하고 낭만적이라는 인상을 주었다. 그러나 다른 한편 한국 문화는 여성 문화, 청소년 문화로 인식된다. 한국 문화가 고급스럽거나 대범하다고 대답한 응답자들은 매우 적으며 전통이 깊다고 대답한 비율도 낮다.

넷째, 한국인에 대한 평가에서 중국 응답자들의 의견이 일치하는 부분은 한국인이 민족 자존심이 강하다는 것이다. 하지만 이건 결코 긍정적인 평가가 아니다. 인터뷰에서 응답자들은 한국인의 민족 자존심은 너무 편협하고 중국을 우습게 본다고 말했다. 그들은 한국인들이 중국의 단오, 공자 등 전통문화를 강탈했다고 분노를 표시했다. 또 수많은 응답자들이 한국 드라마를 통해 한국인이 청결하고 옷차림이 세련되고 예의가 바르다고 느껴 도덕성과 소양에 대해 높은 기대를 가지

그림 4-8 | 중국 응답자의 눈에 비친 한국 문화

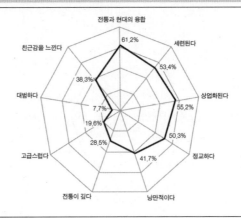

게 되지만, 중국을 방문한 한국인의 공공 도덕 수준은 일반 중국인과 유사하며 심지어 못하다고 느꼈다. 한인 타운에서 생활하는 중국인은 한국인이 적극적으로 중국인과 교류하지 않는다고 말했다. 한국인과 함께 일하거나 사업하는 중국인은 한국인이 근면하고 성실하지만 충동적이며 신뢰하기 어렵다고 답했다.

다섯째, 중국 응답자 가운데 한국이 중국의 제1 혹은 제2의 투자국이라고 대답한 사람은 33.5%에 불과했다. 한·중 관계가 좋다고 답한 사람은 50.2%였고, 양국 국민의 상호 감정이 좋다고 여기는 사람은 39.6%였다. 양국 관계가 보통이라는 사람은 40.8%였고 한·중 국민의 상호 감정이 보통이라는 응답자는 42.4%를 차지했다. 중국 응답자는 한국이 한반도 안정에서 적극적인 역할을 한다고 여기지만 한·중 경제 협조의 중요도에 대한 평가는 현실보다 낮았다. 한국 정부와 중국 정부의 협조 관계가 긴밀해지고 있다는 것에는 동의하지만 응답자가

그림 4-9 | 중국 응답자의 눈에 비친 한국인

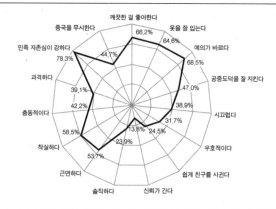

그림 4-10 | 중국인의 한국 호감도

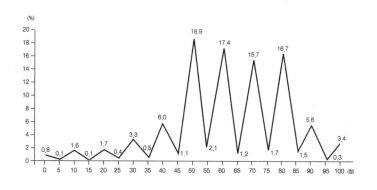

평가한 점수는 그다지 높지 않다. 그리고 한·중 민간 관계가 정부 관계
에 비해 좋지 않다고 인식했다.

　여섯째, 중국 응답자의 한국 호감도는 평균 61.5점으로 일본 호감

도보다 높고, 한국 국민의 중국 호감도(46.6점)보다 높았다. 한국 국가 호감도에 대한 평가는 50, 60, 70점과 80점에 많이 집중되어 있으며 이 범위에 총 응답자의 68.7%가 집중되어 있다. 그중 한국 국가 호감도가 일본(48-52)과 같다는 응답자 비율이 제일 높고 전체 응답자의 18.9%를 차지했다. 그 다음으로 17.4%가 58~62점을, 16.7%가 78~82점을, 15.7%가 68~72점을 주었다.

3. 한·중 문화 예술 교류와 상호 인식

1) 한·중 문화 예술 교류와 한류

설문 조사에서 중국의 응답자들에게 "한국 하면 무엇이 떠오르는가"라고 질문하면서 세 가지씩 말해 보라고 했다. 결과는 한류 관련 내용이 반 이상이었다. 제일 먼저 떠오르는 인물을 물었을 때도 한류 스타와 드라마 인물이 75.2%를 차지했다. 중국의 일반 대중이 한국에 익숙해지고 한국과 접촉하기 시작한 것이 한류가 중국에 들어오면서부터였음은 부인하기 힘들다.[94] 한류가 중국에 진입한 이후 중국의 유행

94_1999년 11월 19일의 『베이징청년보』(北京靑年報)는 당시 중국과 동남아 지역에 유행하는 한국 대중문화를 한류라고 명명했다. 한류를 추종하는 사람들은 중국·홍콩·타이완·일본·베트남 등의 젊은이로, 그들은 한국 음악, 드라마, 영화, 의상 장식품, 게임, 음식과 헤어스타일 등 한국의 대중문화를 좋아한다. 한류 현상이 출현하고 얼마 지나지 않아 한국의 시장 소매 업계에 '신한류'라는 말이 출현했다. 판매 전문가들이 한류의 영향

문화, 소비, 오락 산업, 심지어 대중의 심미 감각까지 큰 영향을 주었다. 한국과 특별한 접촉이 없는 일반 중국인들에게 한류는 한국을 인식하게 하는 중요한 매개체였으며 한국 문화의 대변인이었다.

응답자 가운데 "한국 드라마를 통해 한국을 이해"했다는 사람이 69.4%였고, 32.8%가 10편 이상의 한국 드라마를 본 적이 있다고 했다. 한국 드라마를 본 적이 없다는 대답은 단지 4.3%였다. 매일 한국인을 접촉한다는 650명의 응답자 가운데 406명이, 한국을 이해하는 중요한 정보 통로로 "주변의 한국인"보다 한국 드라마를 꼽았다. 심지어 2개월 이상 한국에 체류한 경험이 있는 60명의 응답자 중 22명이 여전히 한국 드라마가 한국을 이해하는 중요한 매개라고 대답했다. 한류 특히 한국 드라마가 중국인의 한국관 형성에 결정적인 작용을 하고 있음을 알 수 있다.

2) 한류의 유행과 중국인의 한국 인식

맨 처음 한류에 빠진 집단은 중국 동부 연해도시에서 출생한 1980년대 생이었다. 그들은 한류 문화 속에서 자라난 1세대다. 1990년대 한류가 처음 중국에 들어왔을 때 그들에게 한류는 커다란 문화적 충격이었고 이후 청소년기 추억의 일부분이 되었다. 오늘날 '80년대생'(80后)으로 불리는 20~30대 젊은이들은 지금도 한류가 매우 상업화된 유

───────────

을 받은 지역에서 '신한류'를 만들어 내려고 노력했는데, 한류에 대한 열정을 관광, 소비와 유행 흐름으로 바꾸려 시도한 것이다.

행 문화라고 평가하고 있다. 그들과 현재의 중학생들은 모두 한국의 '콘서트', '텔레비전 오락 프로그램', '길거리 댄스' 혹은 '패션 액세서리'에 익숙하며 한국 문화가 매우 다채롭고 활력이 있다고 여긴다.

> "중학교에 다닐 때 한류의 영향은 매우 커서 HOT, 안재욱 등이 특히 인기가 있었다. 그때는 한국 연예인들의 헤어스타일과 의상이 바로 유행의 대명사였다. …… 내 인상 속에 한국 문화는 힙합이었는데 주머니가 많은 힙합 바지, 긴 머리, 슬리퍼 등등……. 그때 매우 쿨하고 개성 있다고 느꼈고……. 한동안 한국 가수가 유행의 모든 것이었다. …… 그때 특히 일부 반항적이고 공부하기 싫어하는 아이들이 모두 그런 스타일이었다"(25세, 남자, 회사원).

> "비는 현재 아시아의 빅 스타이다. 베이징 올림픽에서도 노래를 했다. 내가 보기에 그는 한국 스타의 특징을 대표한다. 작은 눈, 노력파, 팬에게도 잘하고, 그의 성격이다 뭐다 모두 교육을 받은 것으로 중국의 스타처럼 그렇게 오만하지 않다. …… 한국 스타들은 노력파로 남자라 해도 피부·몸매 관리를 매우 잘한다. 그래서 중국 스타보다 사람들에게 환영을 받는다"(28세, 여자, 한국 기업 직원).

한국 드라마에 대해 특히 여성들의 관심이 큰 편인데, 드라마에 등장하는 의상·화장, 주택 인테리어의 유행에 매우 민감했다. 드라마 속의 비정함, 낭만, 분위기에 감동을 받으며, 이런 한국 정서를 기꺼이 받아들이려 했다. 동시에 한국 드라마에 나타나는 전통적 예의와 관습을 통해 한국 문화가 "심오한 유산을 가지고 있다"고 느꼈다.

"나는 텔레비전에서 한국 드라마를 본다(한국 드라마 CD를 사서 보는 게 아니라). 한국 드라마에서 한국은 깨끗하고 발달되었고 먹는 거, 입는 거, 쓰는 거 모두 멋지다. 한국인은 매우 진취적이고 일도 열심히 한다. 한국 드라마는 가정에 대한 이야기가 많고 가정이 매우 화목하다고 느끼게 하며 아주 훈훈한 삶의 이야기들이다"(28세, 여자, 상점 판매원).

"한국 드라마에서 감정에 대한 연출이 사람을 끌어당기고 사람들에게 다음 편을 보고 싶게 한다. 텔레비전에서 한 편 한 편 기다리는 걸 난 참을 수 없다. 나는 인터넷에서 보거나 아니면 CD를 사서 보고, 주말이나 휴가 때 밤을 새서 한꺼번에 보고 끝낸다"(28세, 여자, 회사원).

"한국 드라마는 매번 울고 웃고, 웃고 울게 만든다. 스토리는 사람의 감정을 자극하고 연기자의 연기도 훌륭하다. 어떤 대단한 이야기가 있는 건 아니지만 쉽게 이야기에 몰두하게 만든다. 나는 한국어를 알아듣기 때문에 인물의 세밀한 감정을 이해할 수 있다"(22세, 여자, 학부생).

한류는 중국인들에게 한국 문화에 대한 인식을 갖게 해주었을 뿐만 아니라, 한국의 경제·사회 등 각 방면에 대한 평가에도 영향을 미쳤다. 한류를 한국에 대한 주요 정보 통로로 여기는 중국인들은 한국이 안정되고, 선진적이며, 부유하고, 역동적이며 매력적인 관광지라고 생각한다. 그러나 한류가 중국인의 한국 인식에 긍정적인 영향만 미친 것은 아니다. 한류 문화의 "상업성", "일시성", "선진국 유행 요소의 대리 판매", "현실을 반영하지 않는", "너무 소박하기만 한", "젊은이 위주의 문화", "여성적 문화"의 특징들이 중국인으로 하여금 한국 문화가

"매우 최신"이지만 "천박하거나", "고급스럽지 못하다"는 인식을 갖게 했다. 한류는 초기의 유행 음악에서 영상 등 다양한 상품으로 확대되면서 청소년 문화를 벗어나 다양한 사람들에게 영향을 주었다. 하지만 "상업성"과 "문화 패스트푸드"라는 이미지에서 탈피하지 못하고 있고, 더구나 "청소년만을 위한 유행 문화", "여성적 문화", "깊이가 결여된"이라는 라벨을 달고 있어 고학력, 남성, 중년 이상의 연령층에게 인정받지 못하는 원인이 되고 있다.

"청소년, 청춘기의 아이들이 한류를 더 좋아하는데 그 나이에는 선정적인 걸 좋아하기 때문이다. 성장한 이후에도 한류에 열중하는 사람이라면 성격이 단순하거나 낭만적인 사람일 것이다"(29세, 여자, 교사).

"내가 초등학교에 다닐 때 여자든 남자든 많은 아이들이 HOT를 좋아했는데 사촌 오빠·언니도 모두 좋아해서 마치 우리가 한류 속에서 자란 것 같다. 평소에는 시간이 없어 한국 드라마를 전부 보지는 못한다. 방학 때 한두 편 보는 걸 제외하면. 한국 음악도 좋아했는데. 그러나 이제 크니까 한국 음악을 더 이상 좋아하지 않게 되는 것 같다. 어릴 때 좋아했던 것이고, 일반적으로 가수들의 나이도 어리다. 대학에 간 후에는 한국 드라마를 많이 보는데 여학생들이 좋아하고 남학생은 아마도 적을 거다. 여학생들은 동화 같은 이야기에 빠지기를 좋아하는 면이 있다. 그런 순수한 사랑이나 신데렐라 이야기가 모두 어른 동화 아닌가?"(21세, 여자, 대학생).

"한국 드라마 혹은 가정 드라마 혹은 애정 이야기, 모두 여자들이 좋아한다. 나는 아직 한국 드라마를 본 적이 없다. 나는 화장한 남자를 좋아하지 않는다.

멋있기는 하지만 다들 똑같이 하니까 금방 실증이 난다. 우리가 학교 다닐 때 비교적 저항적인 친구들이 한국 음악을 좋아하고 이상한 옷을 입고 머리를 염색하고 모여서 담배 피우고 저학년들을 괴롭히고 한 것 같다. 나는 아마도 그 때부터 한류에 대한 인상이 안 좋았던 것 같다"(25세, 남자, 석사생).

"나는 유행 음악을 좋아하지만 보통 구미 음악을 듣는다. 내가 보기에 한국과 일본 음악은 대부분 구미를 모방한 것이고 자기들의 독창적인 내용이 없으며 문화가 너무 얕다. 한국의 유행 문화는 모두 포장이 화려하고 외모, 신체, 춤 등에 치중한다. 그들의 음악은 거리에서 틀어 주는 것이며 그다지 진지하게 감상할 만한 가치가 없다. …… 한국 가수를 좋아하는 건 어린애들이고 이것 이 한국음악의 수준이 높지 않다는 걸 보여 주는 것이다"(20세, 남자, 대학 생).

"광저우 길거리에는 한국 옷을 파는 곳이 많다. 사실 대부분 중국에서 만든 것 이다. 일반적으로 10대 여자아이들이 한국 의상을 좋아하는데 비싸지 않고 귀여워서다. 나도 대학 때 이런 작은 가게에 가서 한국 옷을 고르는 걸 좋아했 지만 취직하고 나서 성숙해지니까 질이 좋은 옷을 입어야 하고 한국 옷을 더 이상 사지 않게 되었다"(33세, 여자, 공무원).

3) 한류의 침체와 중국인의 한국 인식

2005년 중국의 거리거리마다 〈대장금〉 주제곡이 울려 퍼지면서 한류는 정점에 달했지만, 2006년부터 기세가 꺾이기 시작했다.[95] 위에 서 말했듯이 한류는 "상업성", "문화 패스트푸드", "청소년과 여성 문화"의 한계를 돌파하지 못하고 있다. 한국 드라마는 아름다운 화면, 선정적 음악, 잘생긴 인물, 부유한 남자 주인공, 연민을 일으키는 여자 주인공, 얽힌 삼각관계, 주인공의 불우한 운명, 인정미가 넘치는 가정 관계, 밑으로부터의 성공과 신데렐라 이야기 등을 통해 그동안 중국인의 관심을 끌었다. 그러나 이러한 이야기는 반복적으로 한국 드라마에서 나타나고 있고 수백 편의 한국 드라마가 중국 텔레비전에서 수차례 반복되어 재상영된 이후 관중들은 결국 피로감을 느꼈다.

"한국 드라마는 너무 길다. 〈인어 아가씨〉는 1백 회고 중간에 몇 회를 건너뛰어도 줄거리를 따라갈 수 있다. 한국 드라마의 스토리 구조는 매우 비슷하고 신데렐라 아니면 기억상실증이고 그렇다. 시작을 보면 벌써 끝을 알 수 있어서 나는 몇 년간 보지 않았다. 현재 한국 드라마는 몇 년 전처럼 그렇게 유행하지 못하는 것 같다. …… 사람들이 너무 많이 봐서 식상한 건지…… 아마 내가 성숙해져서 관심이 없어진 건지도 모른다. 사춘기의 소녀들은 여전히 청춘 우상극을 좋아하는 것 같다"(22세, 여자, 대학생).

"대학 가기 전에 한국 드라마를 좋아했고 대학에 가서 한국어를 배웠는데 그래서 시간이 되면 한국 드라마를 봤고 충분히 본 것 같다. 현재 회사에서 한국 상사는 우리에게 한국 드라마를 보라고 소개하고 주변의 많은 사람들도 점심 휴식 시간에 한 회 정도를 본다. 그러나 요새 한국 드라마 스토리는 별로 변한

95_한류가 침체된 원인에 대해 왕샤오링은 다음 세 가지를 들고 있다. 첫째, 한류 문화 자체가 발전의 병목현상에 다다랐다는 것, 둘째, 중국 문화산업이 돌파구를 찾기 시작했다는 것, 셋째, 중국은 한국의 '대륙사관'을 가진 역사극을 수용하지 못한다는 것이다.

게 없는 것 같아서 나도 쓸 수 있을 것 같다. 신데렐라 스토리와 가정 드라마가 합해서 80% 정도 차지할 거다. 현재 점점 흥미가 없어졌고 가볍고 유쾌한 시트콤 정도를 골라 보곤 한다"(29세, 여자, 회사원).

"초등학교 때 한국 음악이 매우 유행했지만 현재 별로 발전하지 못하고 있는 것 같다. 계속해서 새로운 가수가 나오지만 비슷한 스타일로 포장된 거라 금방 싫증이 난다"(20세, 남자, 대학생).

"한국 문화는 상업적으로 포장된 문화 패스트푸드다. 이런 건 잠시 유행하다 만다. 한동안 인기가 있다가 없어지고……. 좀 지나면 또 사람들의 흥미를 끄는 뭔가를 들고 다시 나타날지도 모른다. 그러나 분명히 사람들은 또 질릴 것이다"(30세, 남자, 한국 기업 직원).

한류가 중국에 진입한 1990년대 중국의 문화 상품 특히 영상물은 교육과 선전에만 치중했고 한류 같은 상업적이고 대중적인 문화가 없었다. 한류가 가진 아름다움, 화려함, 유행 감각, 부유함, 선정성과 밑으로부터의 성공 등 모든 요소는 일반 대중의 입맛에 맞았고, 사람들은 한국 드라마를 통해 꿈을 꾸고 대리 만족을 얻었다. 그러나 중국 동부 연해 도시의 생활수준이 급속히 발전함에 따라, 한국 드라마의 부유하고 풍요로운 장면이 중국인들에게 주었던 자극도 점차 감소하고 있다. 한류의 영향은 중국의 문화 작품에 새로운 심미적 자극을 주었고 중국의 문화산업도 한류에서 아이디어를 얻어 발전하기 시작했다.

중국 문화계는 한국 드라마를 향해 의도적인 반격을 하게 되었고, 중국 문화 상품을 보호하자는 사회적 목소리가 팽배해졌다. 더불어 중국 문화산업의 발전도 가속화되었다. 2005년 "상하이 드라마 축제"에서 중국 극작가 20인이 "연속극 소재와 시장에 관한 토론회"를 열었고 한국 연속극의 문제점을 들춰냈다. 그들은 중국 방송총국(廣播電視總局)이 한국 연속극에 너무 많은 황금 시간을 할애했다고 질책했다. 다년간 중국에 대한 한국 문화산업의 무역 흑자가 중국 문화산업 종사자의 불만을 유발한 것이다. 사실상 한국은 본국 문화 상품의 해외 수출은 대대적으로 추진했지만, 문화 상품을 수입하는 데에는 보수적이었다. 문화 수준이 상대적으로 낙후된 중국의 문화 상품도 경계했다.[96]

중국 내 문화 관련 업계의 강력한 요구에 따라 중국 국가 방송총국은 2005년부터 한국 드라마의 수입을 줄였고, 이후 지속적으로 한국 드라마를 줄이는 정책을 폈다(李盛龍 2011). 그 결과 중국 연속극이 급속하게 성장했고 대중성 있는 드라마를 만들어 내면서, 한국 드라마가 점령했던 국내시장을 빠른 속도로 차지했다. 2006년부터 2009년까지 중국의 중요한 인터넷 영상물 사이트들의 드라마 인기 순위를 보면 매주 인기 순위 50위에 중국 드라마가 75%의 비중을 차지했다.[97] 한국 국제무역협회의 "문화 콘텐츠 산업 수출 현황과 촉진 방안" 보고서를 보면, 2003년 한국의 문화 콘텐츠 산업의 수출 증가율은 60.9%이었는

96_2002년 중국 연속극 〈환주거거〉(還珠格格)의 한국 시청률이 매우 높았다. 이후 한국의 3대 방송국이 중국 연속극을 금지했는데, 이것이 중국 영상 업계의 불만을 야기해 관련 인사들이 집단적으로 한국 드라마를 비난하는 결과를 가져왔다.

97_2006년 연속극 〈암산〉(暗算), 〈량검〉(亮劍), 2007년의 〈금혼〉(金婚), 〈분두〉(奮斗), 〈사병돌격〉(士兵突擊) 그리고 2009년 〈잠복〉(潛伏) 모두 높은 시청률을 기록했고 상대적으로 한국 드라마의 인기가 조금씩 줄어들었다.

데, 2007년 13.1%로 내려갔다(이만 2009). 중국에 대해 한류가 아직은 수출 우위를 유지하고 있지만 그 세가 약해진 것은 분명해 보인다. 한류는 중국인이 한국을 이해하는 중요한 통로이자 한국을 좋아하는 요인이다. 한류의 퇴조는 한국에 대한 중국인의 관심이 빠르게 감소하고 있고, 한국의 문화적 매력이 약해졌음을 의미한다.

중국에서 한류 연속극의 유행이 고조에 달했을 때 한·중 간 고구려 역사 귀속 문제를 둘러싸고 논쟁이 발생했다. 이런 일이 있고 나서 한국은 〈주몽〉 등 고구려 역사를 소재로 한 연속극을 제작했다. 이러한 역사극은 민족주의 색채를 가지고 고구려의 찬란한 역사를 강조하고 당시의 중국 정권을 부정적으로 묘사했다. 이러한 한국 드라마는 중국을 향한 선전 역할을 했고 중국 시장에 진입하지 못했다. 일부 중국 네티즌들은 인터넷을 통해 〈주몽〉 등 한국 연속극을 보고 한국인들의 역사관을 비판했다. 이들의 반감은 한발 더 나아가 한국 드라마 반대 물결에 일조했다. 이는 한·중의 문화 예술 교류가 민족주의의 함정에 빠질 수 있음을 보여 준 사례이며, 동시에 문화 예술 교류가 상호 인식의 형성에 매우 큰 영향을 미친다는 사실을 보여 주는 하나의 증거라고도 할 수 있다.

4. 한·중 대중매체의 보도와 상호 인식

1) 한국 대중매체의 중국 보도와 한국인의 중국 인식

중국은 지역이 광활하고 지역들 간의 차이가 크며 발전 속도가 빠르다. 중국에 장기 거주한 경험이 없는 한국인에게 대중매체는 중국을 이해하는 중요한 통로 중 하나이다. 가장 중요한 정보원은 텔레비전, 인터넷, 신문이다. 텔레비전과 인터넷은 분석하기에 여러 가지 어려움이 있어, 신문 보도에 의거해 분석했고 주로 『동아일보』를 자료로 삼았다.[98]

(1) 한국 신문의 중국 관련 보도

첫째, 한국의 통합 뉴스 데이터베이스 시스템(Korea Integrated News Database System, KINDS) 통계를 통해 1992년 8월 1일부터 2007년 8월 31일까지 중국 관련 신문 자료를 검색한 결과, 제목에서 중국을 키워드로 한 보도가 모두 3,263건, 그중 헤드라인 기사에서 중국을 다룬 보도는 135건이었다.[99] 중국과 미국, 일본은 한국 신문이 가장 중시하는 국가이다. 특히 한·중 수교 초기에 중국에 대한 보도가 매우 많았는데, 그 수가 미국과 일본에 대한 기사를 초과했다. 이는 수교 이전 양국이 오랫동안 교류가 없었지만 중국에 대한 한국의 관심이 매우 높았다는 것을 말해 준다.

둘째, 중국 관련 보도에서 "경제", "정치 군사", "외교", "사회 문화",

98_텔레비전 뉴스와 신문은 서로 동일한 정보를 인용하거나 사용하고, 인터넷은 텔레비전 뉴스나 신문 보도를 인용하거나 검색하는 경우가 많다. 신문 분석을 통해 중국에 대한 한국 매체의 인식을 살펴보는 것이 한계가 있을 수 있지만 다른 매체와 서로 연관되어 보도를 하므로 간접적으로 텔레비전 뉴스와 인터넷을 포괄할 수 있다고 생각한다.

99_이 글에서 분석 대상으로 다루지 못했지만, 중국을 제목으로 하지 않았으나 내용에 중국이 들어가는 보도 또한 다수 존재했다.

그림 4-11 | 중국, 미국, 일본, 러시아 관련 보도 수[101]

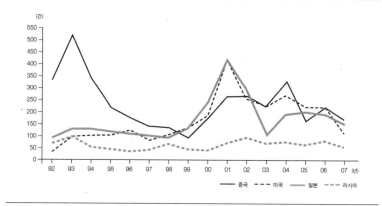

"상품"과 "국민"에 따라 분류해 보면 중국에 대한 한국의 관심이 경제 영역에 집중되어 있다는 것을 알 수 있다(〈그림 4-12〉).[100] 한국 학자 고정식은 비슷한 시기(1990~2010년) 한국 신문 19개를 분석했는데 결과를 보면, 한국 신문의 중국 관련 보도 가운데 가장 많이 나타나는 주제는 중국 부상, 거시 경제 정책, 중국 시장, 중국 산업, 중국 대외무역, 중국 투자 환경, 중국 경영 환경 순이고 중국 지역사회, 경제개혁과 한·중 관계에 대한 보도 내용은 상대적으로 적었다(고정식 2010). 그러나 한·중 교류가 심화됨에 따라 한국 신문 보도에서 중국 사회문화 관련 기사의 비중이 커지고 있음을 알 수 있었다.

100_"중국 경제" 분야의 신문 보도는 주로 중국 경제의 총체적 상황, 중국 경제정책 등을 소개하고 있다. "중국 생산품"도 "경제"로 분류해 통계에 포함시키면 보도 수는 훨씬 많아진다.

그림 4-12 | 동아일보의 중국 관련 보도에 대한 수량 변화

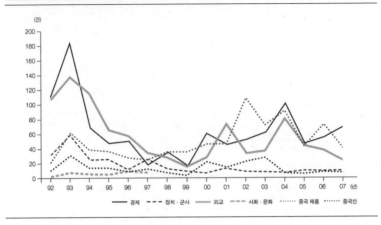

(건)

범례: ━ 경제　---- 정치·군사　━ 외교　---- 사회·문화　---- 중국 제품　······ 중국인

셋째, 『동아일보』 1면에서 중국을 주제로 한 135개 기사를 분석한 결과, 긍정적인 보도에서 부정적인 보도로 변화되는 것을 알 수 있었고 1999년이 분기점이라는 사실을 발견했다. 보도 내용에 따라 기사를 16개의 범주로 분류해 보면, 매년 중국에 대한 헤드라인 기사가 이 범주에 따라 매우 명확하게 변화하는 걸 볼 수 있다(〈그림 4-13〉 참조). 1992년부터 1999년까지 중국 관련 1면 보도를 보면, 중국은 한국과 우호 관계를 갖는 동시에 북한의 맹방으로서 북한 핵문제에 개입하는 등 일련의 한반도 핵문제에서 중요한 행위자다. 경제 방면에서 중국은 투자자에게 기회가 충만한 땅이다. 이 기간 『동아일보』 1면에서 중국

101_ 여기서 미국, 일본과 러시아를 제목에 포함한 보도를 구체적으로 분석하지는 않았다. 그림의 통계는 단지 KINDS 검색 결과를 보여 주는 수치이며, 보도의 핵심 내용이 이들 국가와 관련이 있는지는 조사할 수 없었다.

그림 4-13 | 동아일보 1면 보도의 중국 이미지

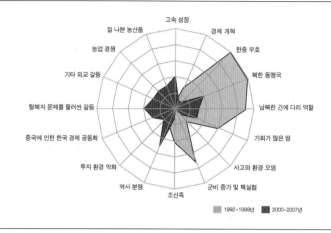

에 대한 부정적 보도는 중국의 군비 증강, 핵실험 진행에 집중되었지만 수는 매우 적었다. 2000년부터 2007년까지 중국 관련 1면 보도를 보면 부정적 보도가 증가했고 그 내용도 다양해졌다. 우선 경제 분야에서 중국을 여전히 기회의 땅으로 보면서도 투자 환경 악화에 대한 보도가 나타나기 시작했다. 2006년과 2007년 한국 자본이 과도하게 중국으로 유입되었고, 이로 인한 국내 투자 감소, 취업의 어려움 등에 우려를 표하는 보도가 출현하기 시작했다. 한·중 무역 관계에서는 중국 농산품의 한국 시장 점령과 이로 인한 한국 농촌의 위기, 한·중 무역마찰에 대한 보도가 등장했고, 품질 낮은 중국 농산품에 대한 기사도 빈번해졌다. 이러한 보도는 중국 농산품이 건강에 해로우며 품질이 떨어지는 중국 농산품이 한국 시장을 채우고 있다는 정보를 사람들에게 제공했다. 중국과 관련된 가장 부정적인 기사는 한·중 간 고구려 역사 귀속 문제였다. 『동아일보』는 이 문제에 대해 많은 지면을 할애했

고 고구려 역사에 대한 중국 연구가 한국의 역사를 도둑질했다고 성토
했으며, 중국이 북한의 영토를 노리고 있다고 지적했다. 2004년 이후
이 문제에 대한 보도가 5차례 신문 1면을 장식했다. 그 밖에도 2000년
이후 탈북자 문제 처리에 관한 한·중 양국의 상이한 입장과 외교 마찰
기사도 자주 등장했다.

서옥란이 2007년과 2008년 『조선일보』의 대중국 보도를 분석한
것을 보면, 경제와 문화 영역에서는 논조가 비교적 긍정적이며, 정치
와 사회 영역에서는 부정적이었다. 중국은 부상하는 "슈퍼 경제대국"
또는 세계 무대에서 활약하는 "정치 대국"으로 묘사되었다. 또한 중국
정부의 반부패 운동, 중국 정부와 지도자의 이미지, 한·중 관계 평가
등에서는 긍정적이었다. 하지만 "티베트 사건"에 대한 중국 정부의 대
응책, 베이징 올림픽 과정에서 중국 외교 예절 등과 관련해 부정적인
보도가 있었는데, 특히 "오만하다"는 평가가 많았다. 문화 방면에서 이
신문은 중국이 적극적으로 문화산업을 발전시키고, 문화 교류를 전개
하며 유구한 문화 역사를 가지고 있다고 보도했다. 사회 방면에서는
중국 사회 발전의 불균형, 사회 치안 문제, 강한 언론통제, 가짜 상품,
재난의 빈번한 발생이 심각하다고 보도했다(徐玉蘭 2010).

중국에 대한 기사의 논조가 긍정에서 부정으로 바뀐 원인을 살펴
보면, 한·중 간 역사 분쟁과 티베트 사건 등 특정 사건 때문이었다. 그
밖에 중국의 급속한 부상이 한국인의 시각을 바꿨다고 할 수 있다.
1997년 금융 위기 이후 한국의 경제 발전 속도가 느려지는 동안 중국
은 꾸준히 고속 성장을 유지해 왔다. 한·중 간 경제 기술 격차도 축소
되어 중국의 영향력이 커지고 중국의 부상에 관한 보도가 전 세계 매
체에 등장하면서 한국이 위기감을 느꼈다고 볼 수 있다. 한·중 수교 초

기에 한국인이 중국에 약간의 우월감을 갖고 있었다면, 2000년 전후부터는 중국의 부상에 대한 우려가 커졌고, 한·중 간 발전 격차가 줄어들면서 중국에 대한 경계심이 강해지고 있다.

(2) 한국 매체의 중국 관련 보도의 문제점

중국에 대한 한국 대중매체의 관심은 매우 높고 다른 나라에 비해 많은 기자들을 중국에 파견하고 있다. 중국 관련 보도의 양이 방대하며 중국과 한·중 관계를 이해하는 중국통도 점점 많아지고 있다. 한국 매체는 수시로 중국 관련 정보를 전달하며 중국을 이해하는 중요한 창구가 되었다. 한·중의 민간 관계가 냉각될 때마다 한국 매체는 한국 사회에 반성을 촉구했으며, 자신들이 한·중 관계에서 중요한 다리 역할을 할 수 있다고 인식하고 있다. 근래 한국 매체와 중국 매체 간의 협조가 점차 많아지고 뉴스 소재도 교환하면서 정기적으로 대화 채널을 가동하고 있다. 이런 협력은 양국의 대중매체가 정보와 관점을 교환하고 상대 국가를 심도 있게 이해할 기회를 제공한다. 그러나 기자들은 종종 독자들의 비위를 맞추거나 관심을 자극하는 보도를 내보내는 경우가 있어서 한·중 우호 관계의 발전에 부정적인 영향을 미치기도 한다. 한국 매체들의 문제점을 살펴보면 다음과 같다.

첫째, 한·중 간 고구려 역사 분쟁을 둘러싼 한국 매체의 보도가 민족주의적 성향을 드러냈다. 예컨대, "중국이 한국 역사를 도둑질한다", "역사 전쟁", "역사 패권주의" 등 독자로 하여금 사실을 이해하기 전에 분노를 갖게 만들었다. "중국이 간도 분쟁을 위해 준비", "중국이 조선 영토를 침탈하려고 함", "중국이 조선을 동북4성으로 만들려고 함" 등의 논조는 사실이 아닐 수 있다. "중국은 경제개발 과정에서 백두산을 파괴하고 있다", "중국 정부의 대한국 태도가 매우 오만하고, 한국 정부는 양보만 한다" 등의 내용도 사실과 맞지 않는다. 이러한 보도는 한국인의 민족주의 정서에 부합하는 것으로 중국 부상에 대한 우려를, 나아가 중국에 대한 한국인의 감정을 자극하고 있다. 사실, 한국 학자들은 중국의 "동북 공정"에 대해 두 가지 상이한 해석을 하고 있다. 하나는 동북 공정이 중국의 "문화적 패권주의"의 일환이라는 것으로 북한 유사시를 대비해 북한의 영토를 엿본다는 것이다. 그러나 다른 한편 다수의 학자들은 동북 공정이 중국 국내를 겨냥한 것으로 중국은 역사를 정리함으로써 소수민족의 단결을 실현하고자 하며, 이 과정에서 주변 국가를 고려하지 못했을 뿐이라는 것이다. 고구려 역사 귀속을 어떻게 볼 것인지에 대해서도 양국의 역사학자는 다른 의견을 가지고 있다. 중국학자들 모두가 고구려를 중국의 지방 정권으로 여기는 것은 아니며, 한국 학자 중에서도 중국 동북이라는 공간이 역사적으로 다양한 민족이 살아왔고 다수의 국가와 문화가 존재했으며, 이 지역을 독립된 역사 공동체로 볼 수 있다고 주장하는 사람도 있다(김한규 2003). 한국 매체는 "고구려 분쟁"을 보도할 때 이처럼 상이한 관점을 소개하지 않고, 다민족국가인 중국과 단일민족국가인 한국 간의 인식 차이를 고려하지 않았다. 서로 다른 논거들과 가치관의 차이에 대한 소개가 부족하며 고구려사는 한국의 역사라는 주장과 중국에 대한 성토만 되풀이한다. 이러한 보도 태도는 양국 간 분쟁의 실마리를 푸는 데도, 양국 국민이 한·중의 입장 차이를 이해하는 데도 전혀 도움이 되지 않는다. 양국 국민 사이에 감정이 악화되고 편협한 민족주의 정서가 형성되어, 이런 상황이 장기간 지속될 경우 한·중 교류의 걸림돌이 될 수 있다.

둘째, 한국 매체가 종종 쟁점을 과장하는 경우가 있다. 고구려 역사 분쟁을 둘러싼 보도에서 한국 신문들은 간도와 북·중 간 백두산 영토 분쟁을 확대 해석해 한·중 갈등을 야기한 측면이 있다. 중국은 한·중 간 간도 영토 분쟁과 북·중 간 백두산 영토 분쟁은 존재하지 않는다고 말했다. 중국 정부는 이런 문제 제기는 역사적 사실에도 국제법규에도 부합하지 않으며, 오히려 한·중 관계에 있지도 않은 문제점만 만들어 냈다고 불만을 표시했다. 한국 매체가 만들어 낸 "한·중/북·중 영토 분쟁" 화제는 수많은 한국인에게 영향을 주었고 한국 선수가 2007년 아시아 동계올림픽에서 "백두산은 우리의 영토"라는 플래카드를 선보임으로써 한·중 민간 관계가 또 한 차례 악화되었다. 이는 매체가 쟁점을 과장해 대중에게 영향을 미쳐 한·중 관계를 악화시킨 사례가 되었다.

셋째, 중국은 많은 한국 매체들이 일반적으로 서구적 가치관으로 중국을 비판한다고 생각한다. 인권, 민주, 민족 정책 등에서 한국 매체는 일관되게 중국에 비판적이다. 한국 신문이 보는 중국은 민주적이지 않고, 인권을 존중하지 않으며, 소수민족을 압박하고, 분열 위기가 존재하는 곳이다. 최근 한국 신문은 티베트를 "원래 독립된 국가", "중국이 신강 독립운동을 진압"한다는 등의 보도를 한 바 있다. 탈북자 문제에 있어서도 한·중은 상이한 입장을 가지고 있는데, 중국은 우선 북한의 국가주권을 존중해야 한다고 여기며 이들을 불법으로 국경을 넘은 자로 간주한다. 하지만 한국은 인권을 강조하며 이들을 난민으로 규정한다. 이러한 매체의 보도는 한국인들로 하여금 서구의 가치관에 경도되어 중국의 국내 정치를 바라보게 만든 측면이 있다.

(3) 고구려 역사 분쟁 관련 보도와 한·중 인식의 변화

"고구려 역사 분쟁"은 한·중 수교 이래 원만하게 진행되던 양국의 상호 호감을 급격하게 떨어뜨렸다. 『동아일보』는 2004년 한국인의 중국 호감도에 대한 조사를 실시했는데, 당시 중국에 호감을 가진 사람의 비율이 61%였는 데 반해, 2005년 고구려 역사 분쟁 이후 이 비율이 29%까지 내려갔다. 2007년 『매일경제』가 진행한 조사에서도 중국에 호감을 가진 한국인의 비율은 32%에 불과했다(김흥규 2011, 429). 한 한국 학자는 1997년에서 2010년까지 한국 국내 연구소와 매체들이 진행한 32차례의 대미 인식과 대중 인식 관련 여론조사 결과를 분석해 다음과 같은 현상을 발견했다. 1997년부터 2004년까지 10차례 조사 가운데 9차례의 결과는 한국인이 중국에 더 우호적인 태도를 보였으며 중국을 더욱 중시해야 한다고 대답했다. 그러나 2004년에서 2010년까지 실시한 24차례 조사를 보면 불과 4차례에서만 중국에 더 우호적이었다(정재호 2011, 365-360). 저자가 2010년 한국에서 진행한 중국 이미지 조사에서도 고구려 역사 분쟁이 한국인의 중국 인식에 영향을 미쳤음이 나타났다. 당시 한·중 우호 관계를 가장 방해한 요인을 물었을 때 "한·중 역사 문제에서의 입장 차이"라고 답한 응답자가 25.9%로 "남북 관계"를 선택한 비율(27.9%) 다음으로 높았다.

"고구려 역사 분쟁"은 한·중 양국의 상이한 민족의식을 반영한다. 중국은 통일 다민족국가로 중국 지역에서 발생한 각 민족의 역사는 모두 중국의 역사라고 보며, 이것이 중국 사회의 안정을 보장한다고 생각한다. 그러나 한국은 단일민족국가로 민족 활동의 역사를 한국 역사로 본다. "고구려 역사 분쟁"이 한국 국민의 대중국 감정을 급격하게 악화시킨 이유는 양국 사회의 역사관이 다르기 때문이지만, 좀 더 근

본적인 원인은 양국 국민의 강렬한 민족주의 때문이다. "고구려 역사 분쟁"이 발생할 무렵 한국은 중국 경제에 대한 의존이 심화되고 있었고, 세계에서 중국의 영향력이 상승하는 시기였다. 중국 경제가 고속 성장을 유지하고 한국 경제는 오히려 장기간 정체되어 있었던 것이다. 한국의 대중매체는 중국 경제가 한국을 따라잡는 것을 우려하기 시작했고, 한국 경제의 대중국 의존이 너무 크다는 목소리를 냈다. 이러한 분위기에서 "고구려 역사 분쟁"은 "중국 위협론"의 또 다른 모습으로 비쳐졌고, 한국은 중국이 한반도에 대한 패권을 추구하기 시작했다는 것으로 역사문제를 해석해 의구심과 경계심을 갖게 되었다. 이 때문에 비록 양국 정부가 협의해 "고구려 역사 분쟁"을 사학계의 학술적인 문제로 규정하고 한·중 우호 관계에 영향을 미쳐서는 안 된다고 밝혔지만, 한국 사회는 줄곧 이 문제에 집착했으며 정치화된 해석을 멈추지 않았다. 한국 역사학계는 여전히 중국 "청사연구"가 어떻게 중국과 조선 반도의 관계를 서술할 것인가 등의 문제에 주목하고 있다. "고구려 역사 분쟁"과 같은 역사 문제와 중국 위협론은 민족주의를 통해 지속적으로 한·중 관계에 영향을 미칠 것이다.

2) 중국 대중매체의 한국 보도와 중국인의 한국 인식

(1) 중국 신문의 한국 관련 보도

한국 신문의 중국 관련 보도와 비교해 한국에 대한 중국 신문 기사는 매우 적은 편이다. 한국 신문은 수교 초기 중국에 큰 흥미를 가지고 있었고, 1990년대 말 중국 관련 보도 수가 안정된 수준으로 줄어든 이후 미국과 일본 관련 보도와 그 수가 대체로 비슷해졌다. 그러나 한국에 대한 중국의 관심은 오히려 증가해, 중국 신문의 한국 관련 기사 수는 2000년 이후 증가했다. 박상준 등이 2000년 1월부터 2006년 12월까지 중국 『인민일보』와 『환구시보』를 분석한 자료에 의하면, 중국 신문의 한국 보도는 2000년 전후 명확한 화제 전환을 했다. 1990년대 한국 관련 기사는 주로 경제 영역에 집중되어 있었는데, 2000년 이후부터 경제 관련 보도 수가 어느 정도 감소하고 문화에 대한 보도가 폭발적으로 증가한 것이다. 이로 인해 한국 사회에 대한 기사는 확실히 늘어났다(박상준·변지연·현단 2008, 249-265). 한국 문화, 사회에 대한 소개, 한국 문화 산업의 발전 경험, 한·중 간 역사 문화 분쟁에 대한 기사도 보도되었다. 2005년 한국이 단오절을 한국 세계문화유산으로 신청한다는 기사가 게재되었는데, 이는 한국에 대한 반감을 불러일으켰다. 이후 중국 대중매체는 한국 문화의 "중국 영향에서 벗어나기"(去漢化) 현상을 둘러싸고 많은 기사를 생산했고, 한자·중의학·인쇄술 등 한·중이 공유한 전통문화의 귀속에 대한 논쟁, 공자 등 역사 인물의 국적 논쟁에 대해 집중 보도했다. 이러한 보도는 일시적으로 수많은 사람들의 시선을 끄는 화제의 뉴스가 되었다.

(2) 중국 매체의 한국 관련 보도의 문제점

2005년부터 2008년 사이 중국 사회에 혐한 정서가 확산되었고 이후 점차 고양되었는데, 한·중의 전통문화 발원지를 둘러싼 논쟁은 이런 혐한 정서를 유발한 최초의 그리고 가장 중요한 원인이 되었다. 그 중 중국 매체의 부정확한 보도, 과장된 보도, 심지어는 가짜 뉴스가 소동을 일정 부분 확대시켰다. 2005년 한국의 강릉단오제가 세계문화유산이 되었고 중국 매체는 이를 보도하면서 중국인들로 하여금 한국이 단오절을 세계문화유산으로 신청한 것으로 오해하게 했다. 또한 "공자는 한국인, 한국인이 한자를 발명했다"는 등의 주장이 기사로 나왔고 한국 학술계에 이런 관점이 주류가 아닌데도 마치 모든 한국 사람이 이렇게 생각하는 듯이 보도를 했다. 중국 매체는 관련된 보도를 내보내면서 자세한 설명을 하지 않고 편파적으로 한국을 비난했으며, 그 결과 한국 사회를 오해하게 만들었다. "중국 기원 설화가 원래 한국에서 왔다고 그들은 주장한다"라는 기사의 경우, 한국 연구자의 연구 결과를 일부만 감정적으로 보도함으로써, 이것이 학술 영역이며 한국 학계에 이견이 존재할 수 있다는 사실을 내보내지 않았다.

이 같은 과도한 감정적 보도는 인터넷 공간에서 양국 네티즌들 간의 갈등을 유발하곤 한다. 2007년 10월 한국·중국·일본·타이완 학자는 8회 국제한자대회를 개최해 아시아 공용 한자의 교류와 국제화·표준화 문제를 토론한 바 있다. 10월 3일 『조선일보』는 이에 대해 "한국·중국·일본·타이완 한자 통일, 중국은 한자가 그들 것이라 자신"이라는 제목으로 보도를 했다. 사실상 중국인은 한자는 중국 문화의 정수이며 중국이 한자 문화권의 종주국이라 여긴다. 그리고 한자를 사용하는 주변국들이 중국의 한자 발명으로 혜택을 입었다고 생각한다. "중국은 한자가 그들 것이라 자신한다"라는 표현에 대해 중국인들이 반감을 느끼는 것은 어찌 보면 당연하다. 결국 중국의 『남방일보』는 이를 선정적으로 보도했고, 관련 보도의 제목을 "한자 통일? 정말 우습다"라며 비아냥거렸다. 이것이 중국인을 더욱 화나게 했고, 인터넷에서 "한국이 장차 한자를 세계문화유산으로 신청할 것"이라는 가짜 뉴스가 나타났으며, 한·중 네티즌이 서로를 공격하는 상황이 연출되었다.

중국인의 혐한 정서가 고조에 달하고 한·중 역사 분쟁이 화제가 된 이후 일부 신문은 사람들의 이목을 끌고 상업적 이익을 내기 위해, 일부 네티즌들은 관심을 받기 위해 가짜 뉴스를 지어냈다. 예를 들면 광둥의 『신쾌보』(新快報)는 2007년 12월 12일 한·중 문화 논쟁이라는 주제로, 『조선일보』의 보도에 근거한다고 하면서 서울대학교 역사학자 박정수 교수가 10년간 고증을 통해 한자가 조선 민족이 발명한 것이라는 걸 증명했다고 보도했다. 그러나 서울대학교에 이런 교수는 없었고 『조선일보』도 이 같은 보도를 한 적이 없었다. 2008년 5월 중국의 한 네티즌은 한국 『중앙일보』 보도를 인용해 올림픽 성화 서울 봉송 때 폭력 시위에 참여한 중국 학생이 10년 이하의 유기징역을 받았으며 죄명은 한국인의 민족 자존심을 상하게 한 것이라고 했지만, 『중앙일보』는 이런 내용을 보도한 적이 없었다. 2008년 7월 이 신문은 또한 『조선일보』의 보도라고 하면서 "성균관대 박분경 교수가 손문은 한국 혈통이라는 논문 발표"라는 가짜 뉴스를 실었다. 2008년 8월 중국 정부는 『동아일보』의 보도를 인용했다고 주장하는 사이트를 찾아냈는데, 이 사이트는 "서울대학 박협풍 교수가 중국 올림픽 개막식의 나침반이 한국 발명이라고 했다"라는 가짜 뉴스를 올리기도 했다. 2009년 4월에 결국 중국신문출판공사(中國新聞出版公署)가 『신쾌보』에 가짜 뉴스를 게재한 기자와 편집장을 징계했다. 이로써 중국 매체에서 한국 관련 위조 기사가 사라지는 듯 했으나 2010년 5월 14일 『간수일보』(甘肅日報)에 서울대학 역사과 교수가 "이태백은 한국인이라고 했다"는 보도가 나왔으며, 이에 대해 한국 대사관이 적극적으로 대응했다. 결국 외교적 통로로 수정을 요구했고 여파가 확산되지 못하도록 막는 데 성공했다.

한·중 문화 교류에서 대중매체는 중요한 역할을 하지만 간혹 허무한 논쟁을 유발시켜 한·중 관계에 부정적 영향을 주기도 한다. 앞에서 강조했듯이 상대국에 대한 양국 국민의 인식에 대중매체가 미치는 영향은 매우 크다. 일반적으로 대중매체는 상업적 이익을 추구하며 사람들의 이목을 끌기 위해 자극적이고 대중에 영합하는 보도를 하기도 한다. 그러나 그 결과 양국 국민이 서로를 오해하고, 부정적으로 인식하게 만든다. 한·중의 대중매체는 한·중 관계의 디딤돌이라는 사명감을 가지고 상대국에 대해 객관적이고 정확하게 보도하는 자세가 필요하다.

제5장

한·중 문화 교류의 쟁점

공동 저자 2인의 대담

한·중 교류가 빈번해지면서, 양국 관계 또한 이전보다 활발해지고 진전되었으며, 국민들 사이의 상호 이해가 크게 증가하면서 민간 교류와 협력이 활성화되었다. 이러한 현상은 한·중 관계가 좀 더 심도 있게 발전하는 데 견실한 기초가 되었다. 그러나 양국 간의 교류가 평화롭게만 진행된 것은 아니며 종종 갈등 국면과 상호 오해가 발생하기도 했다. 이런 상황이 악화될 경우 한·중 관계 자체가 경색되기도 했다.

한·중 문화 교류에는 다양한 문제가 존재하며 지속적으로 쟁점화되고 있는 것이 사실이다. 이 장에서는 한·중 문화 교류의 쟁점들 가운데 조선족 문제와 역사 분쟁 문제를 다루려고 한다. 한·중 학자의 공동 집필이라는 이 책의 장점을 활용하기 위해, 이 부분은 토론의 형식으로 진행했다. 쟁점이 해결되는 방안을 찾는다기보다 현재 무엇이 문제이고, 한·중 양국이 이를 어떻게 인식하고 있는지에 중점을 두고 의견을 나누었다.

1. 조선족 문제

김: 지난 4월 경기도 수원시에서 발생한 20대 여성 피살 사건의 범인이 조선족이라는 사실이 알려지면서 온라인상에 조선족 혐오 현상이 일어난 바 있습니다. 트위터를 비롯한 소셜 네트워크 서비스(SNS)와 각종 포털 사이트에서는 조선족에 대해 혐오감을 드러내는 글이 쏟아졌고, 인터넷상에서는 '차오 포비아('차오'는 朝의 중국 발음)'라는 신조어가 만들어지기까지 했지요(『동아일보』 2012/04/09). 사람들은 이 조선족이 왜 범죄를 저질렀는지에 대한 동기와 배후보다는 범인이 조선족이라는 데 흥분했습니다. 인간이 저지른 범죄라는 것보다는 조선족들이 한국에 들어와 나쁜 짓을 했다는 데 초점을 맞추고, 이들을 한국 땅에서 추방해야 한다는 극단적인 언급도 서슴지 않고 있습니다. 한 조선족 청년이 악행을 저지른 건 사실이지만 그가 조선족이기 때문에 특별히 가중 처벌될 이유는 없지요. 그가 한국인이었다 해도 똑같은 비중으로 다루어져야 할 문제라고 봅니다. 이 사건은 한국 사회에서 조선족으로 사는 것의 어려움을 여실히 보여 주는 한 사례라고 생각합니다.

1) 조선족의 역사

왕: 저는 조선족의 역사에 대해 먼저 살펴봐야 한다고 생각합니다. 명말청초 조선 반도 주민들이 대규모로 중국 동북 지역[102]으로 들어오기 시작했습니다. 조선은 후금 그리고 이후 청과의 전쟁에서 패배했고 수많은 조선 사람들이 포로가 되어 강제로 동북 지역으로 끌려왔습니다. 1644년 청은 만주족의 발양지인 동북 지역의 신성함을 유지한다는 명목으로 이 지역을 봉쇄했고 조선 또한 자국인들이 이 지역으로 이주하지 못하도록 막았지만 만주 지역의 자연조건이 농업을 하기에 매우 양호했으므로 점차 많은 조선인들이 이 지역으로 흘러 들어와 토지를 개간하기 시작한 것이지요. 청 정부는 이에 대해 침묵하는 태도를 보였구요. 19세기 1870~80년대 조선의 북부 지역에서 연이어 자연재해가 발생하면서 더 많은 조선인들이 중국의 동북 지역으로 몰려들었습니다. 1882년 청 정부는 동북 지역의 호적을 조사해 새롭게 호구를 재편하면서 조선인들이 이 땅에 살려면 머리와 옷을 만주족처럼 해야 하며, 중국의 법률에 복종하고 청 정부에 세금을 납부해야 한다고 공표합니다. 이는 실제로 조선인 이민자를 중국인으로 승인한 것과 마찬가지였지요.

김: 네, 그렇습니다. 근대 이전 시기 조선족 이주의 역사를 이해한다는 것은 과거 조선족의 삶이 우리와 연결되어 있음을 이해하는 것입니다. 중국은 중러 전쟁에서 패한 후 러시아에 동북 지역의 거대한 영토를 빼앗겼습니다. 청 정부는 변경을 안정시키고 동북 지역 토지를

102_헤이룽장(黑龍江)·지린(吉林)·랴오닝(遼寧) 3성을 말한다.

간척하기 위해 조선인의 이주를 적극적으로 독려합니다. 중일전쟁 이후 일본은 중국의 조선족을 통제하려고 했고, 이에 청 정부는 1909년 중국 최초의 국적법인 〈대청국적조례〉를 제정해 조선족의 귀화를 장려했습니다. 1910년 일본은 조선을 병합했고 조선의 수많은 농민들이 토지를 빼앗겼으며 삶의 터전을 잃은 농민들은 대량으로 중국 동북 지역으로 몰려들었지요. 일본이 동북을 침략한 9·18사건이 나기 전에 이미 이 지역의 조선인은 1백만 명에 달했습니다. 이후 일본은 "일본인은 한국으로, 한국인은 중국으로"라는 이민정책을 실시해 조선 사람들의 동북 이민을 더욱 부추겼고 민국 시기 일본은 〈만주몽고협약〉의 적용 범위를 동북 전체의 조선족으로까지 확대시키려고 했습니다. 이는 〈간도협약〉 규정에서 이미 귀화한 조선족은 단지 연변 지역에서만 토지소유권을 향유할 수 있다는 내용을 위반한 것입니다. 일본 정부가 동북 조선족을 이용해 세력을 확장하려는 획책에 대해 중국 국민정부[103]는 다른 정책을 채택했는데, 지린 성 성장이 토지를 점유한 모든 조선족들은 필히 중국 국적을 신청해야 하고 이 경우 중국인과 동등한 공민 권리를 향유할 수 있다고 말합니다. 이에 대해 일본은 조선족에 대한 이중국적 정책을 시행했는데, 비록 국민정부가 적극적으로 법률을 개정해 조선족 이민자들이 중국 국적을 갖도록 했지만 민국 시기 중국 국적을 가진 조선인 이민자는 그다지 많지 않았다고 합니다(김병호·강기주 2001, 90-137).

왕: 조선족은 중국과 한국의 항일 투쟁에서도 지대한 공헌을 했습

103_중화민국(1925년 7월 1일~1948년 5월 20일) 시기의 중앙정부를 국민정부라고 한다.

니다. 괴뢰 만주국 시기[104] 일본은 실질적으로 동북 지역을 통제했고 이 지역의 조선인 이민의 배치와 관리를 강화했습니다. 20세기 1940년대 동북으로 이주한 조선인은 230만 명에 달했고 2000년 중국 조선족 인구보다 30만 명이 더 많았지요. 일본은 중국 동북 지역으로 이민한 조선인들에게 창씨개명이라는 문화 침탈 정책을 시행해 격렬한 반일 정서를 유발시켰고, 이후 조선 이민자들은 항일 전쟁과 해방전쟁[105]에 적극 참여하면서 동북 지역의 광복과 해방에 중요한 공헌을 했습니다. 이 과정에서 그들은 공민으로서 지위도 인정받기 시작했으며, 항일 전쟁 시기 전체 동북 지역의 공산당원 가운데 조선족이 90% 이상을 차지했습니다. 또한 1935년 옌볜 인민 해방군의 90%가 조선족이었어요. 조선족은 항일 연합군의 중요한 역량이었으며, 수많은 군대에서 반수 이상의 전사가 조선족으로 구성되었고, 조선족 군관도 매우 많았지요. 당시 중국 공산당은 조선족의 공민 지위를 명확히 승인했습니다. 1934년 6월 10일 〈중공 만주성위원회가 임시동북인민혁명정부 정강초안을 중앙에 보내는 서신〉(中共滿洲省委關于臨時東北人民革命政府政綱草案給中央的信)에서는 정치와 경제에서 조선족이 동북에서 매우 중요한 위치에 있음을 언급했고, 동북 소수민족의 중요한 일부분으로

104_1931년 '9·18사건'이 발생하면서 일본이 동북 지역으로부터 중국을 침략하기 시작했고, 청나라의 마지막 황제를 이용하여 동북 지역에 '만주국'을 건국했다. 일본은 괴뢰 만주국 정부를 이용해 동북 지역을 14년간 식민지로 통치했다.

105_1945년 8월부터 1949년 9월까지 공산당이 지휘하는 중국 인민해방군이 국민당 정부를 무너뜨리기 위해 국민당 군대와 전쟁을 벌였다. 이 전쟁을 중국에서 해방전쟁이라고 한다.

동북 조선족과 여타 국내 민족이 일률적으로 평등하며, 모두 '농민 혁명 정부'의 공민이라고 지적했습니다. 당시 중국 만주성 위원회는 중국 조선족이 이중의 어려움에 처해 있다고 생각했습니다. 하나는 중국 내 일본인들의 압박을 받고 있는 것이며 다른 하나는 동북 조선족이 일본 통치하에 있는 조선인의 갈래라는 것이지요. 조선족은 동북으로 이주한 지 얼마 되지 않았기 때문에 언어·문화·경제적으로 조선과 밀접한 관계를 가지고 있었습니다. 결국 중국 조선족은 이중적인 혁명의 사명이 있는데 중국 혁명운동의 구성 요소라는 것, 조선 혁명과 독립의 중요한 역량이라는 것이었습니다.

조선족은 공산당을 옹호하는 경향이 강했으므로 일본이 투항한 이후 국민당 정부는 조선족의 공민권을 박탈했고 그들이 중국의 소수민족임을 부인하면서 조선족을 축출하고 박해했습니다. 이때 일부 조선족은 조선 반도로 귀환해 조선족 인구는 130만 명으로 줄었지요. 그러나 다수의 조선족들이 공산당의 지도하에 해방전쟁(내전)에 참여했고 토지개혁을 통해 토지를 획득했습니다. 해방전쟁 시기 공산당은 조선족의 공민 지위를 다시 승인했습니다. 1945년 옌볜 정무위원회가 성립되고 10대 시정방침이 제기되었는데 민족 단결과 민족 평등 정책을 시행하도록 규정하고 조선족의 정치·경제·문화·교육 등 방면에서 한족과 동등한 평등권을 가질 수 있다는 기본 원칙을 보장했습니다. 1942년 말 중공 옌볜 지방위원회는 "민족 정책에 관한 몇 가지 문제에 관하여"[關于民族政策中的几个問題(草案)]라는 초안에서 "옌볜 지역에 거주를 확정한 조선 인민은 중국의 소수민족으로 승인하고 중화민주공화국의 일부분이 된다. 민족 정부는 민족 평등의 원칙에 따라 조선족에게 토지권, 인권과 재산권을 부여하고 생명과 안정을 보장한다", "과거 옌볜 지역에 거주했고 토지개혁에서 이미 현지 민족 정부에 호적 가입을 신청한 사람들은 중국 공민으로 하고(도시지역을 포함), 정식으로 호적에 가입하지 않았거나 조선으로부터 새롭게 이주한 거주자들은 조선 교민으로 한다"고 명기했습니다. 이는 당시 조선족 공민 지위의 확정이 현지 호적에 가입했는가를 기준으로 한다는 것과, 중국 국적 가입은 이미 기정사실이고 이들의 공민 신분이 전체적으로 한꺼번에 승인됐음을 말해 줍니다.

1952년 옌볜 조선족 자치구가 성립되었고, 1954년 자치주로 승격되었으며, 1958년 장백 조선족 자치현이 만들어져 조선족의 정치적 지위를 보장받았습니다. 중국 정부는 소수민족 자치, 소수민족 지역 경제 사회 발전 지원과 소수민족이 자신들의 문화를 보존하도록 독려하는 민족 정책을 실시했고, 소수민족이 대학 진학이나 출산 등에서 우대를 받을 수 있도록 했습니다.[106] 중국 조선족은 자신들의 언어와 문화를 계승했고, 조선족 학교를 운영해 중국에서 고등교육 인구 비율이 가장 높은 민족이 되었으며 중국의 50여 개 소수민족들 가운데 조선족의 정치·경제·사회 활동은 매우 활발한 편입니다. 뿐만 아니라 조선족은 한·중 교류, 북·중 교류에서 중요한 역할을 담당하며 동북의 대외 개방에 지대한 공헌을 하고 있습니다.

김: 역사적 경험은 사람들을 통해 전해지는 것인데, 우리가 중국의 역사를 배우고 연구하는 과정에서 조선족들의 경험을 너무 등한시했

106_중국의 '한 자녀 정책'에서 부부가 모두 소수민족이고 소수민족 자치 지역에 호적을 두는 경우 이 정책의 제한을 받지 않는다.

다는 생각이 듭니다. 그들은 일제 통치하의 조선을 떠나 중국에서 항일 운동을 해왔으며 문화대혁명 기간을 견뎌 낸 사람들인데 말이죠. 중국 사회를 잘 이해하기 위해서도 조선족들이 중국에서 겪은 경험을 살펴봐야 할 것입니다. 한국인으로서의 민족의식이나 가치관을 기준으로 그들을 평가할 것이 아니라 조선족을 있는 그대로 받아들이면서 그들이 겪었던 역사적 경험을 이해하고 이를 통해 중국에서 조선족의 삶을 구체화할 필요가 있습니다.

2) 조선족의 정체성 문제

김: 과연 조선족은 한국인일까요, 북한 사람일까요, 아니면 중국인일까요? 우문이지만 조선족들은 항상 외부로부터 그리고 스스로도 이런 질문을 던질 거라고 봅니다(朴光星 2010, 41-47). 아마도 이것이 중국 사회에서 그리고 한국 사회에서 조선족이 처한 비운일 수도 있겠지요. 표면상으로 조선족은 중국의 한족과 매우 원만히 지내며, 중국 내 사회적 지위도 그다지 나쁜 것 같지는 않습니다. 조선족은 이미 중국 사회에 뿌리를 내린 하나의 소수민족이라고 보는 것이 타당하겠지요. 조선족은 북한보다 한국에 더 관심이 많은 것이 사실이지만, 이들의 민족 정체성은 한국보다 북한에 더 가까운 것으로 보이기도 합니다(유명기 2002). 이러한 현상은 인접한 북한과의 지리적·역사적 그리고 혈연적 요인으로부터 영향을 받은 것이겠지요. 그럼에도 불구하고 조선족이 이중적인 혹은 다중적인 정체성을 가지고 있는 것은 어쩔 수 없는 사실일 겁니다. 왕 선생님께서는 중국에서 조선족의 긍정적 측면을 이야기하시지만 과연 조선족이 중국 사회에서 배제되지 않고 원만히 융

합하고 있는 걸까, 의문을 가지지 않을 수 없습니다. 조선족은 중국에서는 한족과 조선족과의 관계에서, 한국에서는 한국인과 스스로의 관계에서 이중적 인식과 감정을 가지고 있습니다. 중국에서 소득이 높을수록, 동포 간 결혼을 한 경우일수록 조선족으로서의 자긍심이 높으며 중국 국민으로서의 자긍심은 낮게 나타납니다. 보수적 가치관을 가지고 사회경제적으로 성공한 동포일수록 중국인이라기보다는 조선족으로서 자부심이 강합니다. 학력이 낮고, 나이가 적고, 그리고 농촌 지역에 살수록 한·중 양국에 대한 정체성을 모두 긍정적으로 가지고 있다고 합니다. 더 나아가 상대적으로 젊을수록 중국 국민으로서의 자긍심이 강하며, 학력이 높고 농촌 지역에 거주할수록 조선족으로서의 자긍심이 강했습니다(김강일 2000, 1-26). 축구 경기에서 어느 편을 응원하느냐를 기준으로, 조선족이 중국과 한국 중 어느 쪽에 더 동질감을 갖는가를 측정하면, 총 381명의 응답자 가운데 244명(64.04%)이 중국을, 67명(17.59%)이 한국을 응원하고 있었습니다. 나머지 70명(18.38%)은 어느 한 쪽을 응원하기를 포기했구요. 조선족 약 5명 중 1명이 감정적으로 혼란을 겪고 있음을 보여 주는 것이지요. 상대적으로 한족과 관계가 좋을수록 중국에 감정적인 유대감을 강하게 갖고 있었습니다(정상화 2010, 9-52). 물론 개인의 정체성은 기존 이론이 제시하는 것보다 복잡하고 가변적이며 동태적인 양상을 지닐 수 있습니다. 중국 동포는 비록 민족 정체성이 강하기는 하지만 민족과 중국 국민으로서의 정체성 모두를 강하게 가지고 있는 특이한 경우입니다.

왕: 중국학자들 또한 조선족의 정체성에 대해 조사했는데 대부분 조선족이 문화 인식에서는 한국에 강한 동질감을 느끼지만 글로벌 민족(여러 국가에서 생활하는 민족) 인식에서는 한국을 고향으로 생각하고,

국가 인식에서는 중국을 조국으로 생각하고 있는 것으로 나타났습니다. 한 중국학자에 의하면 한국에서 일하는 조선족 연구 조사를 통해 한국 생활이 오히려 그들의 국가 정체성을 강화시켰다고 합니다. 2005년 2월 서울에서 "한국에 온 조선족 정체성 상황에 대한 설문 조사"를 진행했는데, 198명의 설문 대상자 중 181명이 한국에 온 목적이 "돈 벌기 위해", 178명이 "돈을 벌어 돌아가기 위해"서라고 했습니다. 그리고 166명이 "중국의 발전에 매우 관심이 있다"고, 159명이 "중국의 급속 성장에 자부심을 느낀다"라고 답했습니다. 또 설문 대상자들이 한국에서 받은 차별과 불공정한 대우 때문에 그들의 감정이 더욱 중국에 치우쳤으며,[107] 중국의 급속한 발전 역시 그들의 자격지심을 일정 정도 해소시켜 주었고 중국에 대한 애국심을 자극했다고 합니다(박광성 2003). 물론 중국학자가 중국적 시각에서 해석한 것일 수 있지만 한국에 거주하는 조선족들의 정체성이 오히려 중국으로 기운다는 것을 보여 주는 단적인 예일 것 같습니다.

김: 조선족의 정체성에 대해 한국이나 중국이나 관심이 많은 것 같습니다. 사실 한국은 조선족에게 한민족과 중국인 사이에서 선택을 요구하고 있습니다. 한국 기업이나 한국 직장에 취업하는 조선족에게 당신은 어느 나라 사람이라고 생각하느냐는 질문을 많이 한다고 합니다. 이런 질문이 조선족으로 하여금 이중적 정체성에 대해 더욱 고민하게

107_『중앙일보』(2001/10/22)는 "우리의 국외노동력 이용정책 반성"이라는 제목의 기사에서 외국 노동자 조사 결과, 150명의 응답자 중 99명이 한국에서 일하는 기간에 차별과 불공정 대우를 받은 적이 있다고 대답했고 107명이 자신이 한국인보다 임금이 낮다고 대답했다고 보도했다.

하는 것이겠지요. 우리는 조선족이 복합적인 정체성을 가지고 있다는 사실을 받아들여야 합니다(최우길 2005, 64-71). 조선족이 중국 국민으로서의 정체성을 가졌다고 해서 문제될 것은 없으며, 그들을 같은 동포로서 포용하면 됩니다. 같은 민족이냐를 따지기에 앞서 한국의 지역 공동체가 조선족의 지역공동체와 관계를 지속하면서 민족 문화 및 교육에 대한 지원을 제공할 필요가 있다고 봅니다.

예전에 백청강이라는 청년으로 인해 젊은 조선족 세대에 대한 한국 사회의 관심이 증폭했었습니다. 백청강처럼 젊은 조선족일수록 사실 한국보다 중국을 가깝게 느끼는 것이 당연합니다. 50대 정도까지는 한국에 감정적인 유대를 느끼지만 청년들은 중국인으로서의 정체성을 더 강하게 느끼며 자라 왔기 때문이죠. 그들이 한국을 방문하는 이유는 동포애적인 감정보다는 실리적인 것이 강하며 이로 인해 한국 사회에 비판적일 가능성이 많습니다. 아마 백청강이 상위권에 들어갔을 때 누구도 조선족 청년이 일등을 할 거라고 생각하지 않았을 겁니다. 백청강 자신도 한국에서 자신이 선택되리라 기대하지 않았을 거구요. 하지만 결과적으로 한국 시청자들은 뛰어난 노래 실력과 불굴의 의지를 갖춘 그를 선택했습니다. 작은 사건이긴 하지만 이를 통해 한국 사회에 대한 조선족 청년들의 편견이 조금 사라지지 않았을까요? 우리가 한국에 온 조선족 젊은이들에게까지 한국인으로서의 민족 정체성을 심어 줄 필요는 없다고 봅니다. 그들은 국적상 중국인이며 단지 혈연적으로 한국인이기 때문에 한국을 조상들의 조국으로 알고 이에 상응하는 감정을 가지면 되는 겁니다.

왕: 저도 한국 사회가 점점 조선족의 처지를 이해하게 되었고 조선족이 중국인이라는 사실을 인정하게 되었다는 것을 느낍니다. 하지만

조선족 문제를 둘러싸고 두 나라 사이에 갈등이 생긴 적이 있었고, 지금까지도 의견 차이가 완전히 없어진 것은 아니라고 봅니다. 한국 정부는 조선족을 포함한 모든 해외 동포에게 국내 공민과 유사한 권리를 부여하는 〈해외 동포법〉을 제정했습니다. 중국 정부는 항의했고 조선족이 중국 공민이며 조선족을 한국의 동포법에 포함시킨 것은 중국의 주권을 침해하는 것이라고 항의했지요. 결국 한국은 법안을 수정했고 중국의 조선족과 러시아의 고려인을 해외 동포법에서 삭제했습니다. 수정 이후 법안은 한국 국내에서 논쟁을 야기했고 헌법재판을 통해 헌법에 위배된다는 결론이 내려졌지요. 이에 대해 중국은 어떤 경우에도 타협할 수 없다고 표명했고 한국 정부도 다른 국가의 해외 동포를 다루듯이 조선족을 대할 수 없게 되었습니다. 한국은 단일민족국가이고 민족 정체성과 국가 정체성이 일치하지만 중국은 다민족국가이고 많은 소수민족들 입장에서는 중국 밖에 그들과 같은 민족의 주권국가가 존재하는 것입니다. 그래서 소수민족의 국가 정체성과 민족 정체성을 어떻게 처리할 것인가가 중국 정부로서는 항상 난제입니다. 현재의 중국인은 역사적으로 수차례 민족 융합을 겪어 왔고 순혈주의가 없으며 중국 각 민족의 단결이 국가 정체성을 이루는 기초였습니다. 만약 소수민족이 다른 국가의 공민권을 가지고 있다면 자연히 중국은 국가 안정을 위협하는 요소라고 단정할 것입니다.

김: 조선족들이 얼마나 혼란을 겪고 있을지 공감이 갑니다. 한족과의 관계에서 그들의 위치, 경제적으로 부유해진 조국으로서의 한국, 혈연적으로 가까운 북한, 국가관과 개인적 정체성, 중국에서의 교육과 대중매체를 포함한 공적·사적 사회화, 조선족의 사회·경제적 위치 등이 모든 것이 조선족에게 혼란을 안기고 있다고 생각됩니다.

3) 조선족 자치주의 문제

김: 코리안 드림은 조선족을 한국 사회로 불러들였고 그로 인해 중국의 조선족 공동체는 공동화되고 해체되고 있습니다. 조선족 사회의 문제는 인구 이동으로 인해 야기된 것입니다. 조선족 농촌 마을이 공동화되거나 한족들이 조선족 마을로 대거 이주하면서 조선족 마을로서의 특성이 없어지고 있습니다. 그 결과 민족 교육의 중심인 조선족 학교의 존재 기반이 흔들리게 되었고, 공동체를 통해 보존되어 온 민족문화의 단절 현상마저 있다고 합니다(주봉호 2006). 사실상 옌볜 조선족 자치주의 인구는 1996년부터 줄어들기 시작해 지금까지 지속되고 있습니다. 1995년부터 2004년까지 옌볜 조선족 인구는 3만9,475명이 감소했고, 매년 평균 4,386명씩 줄어들었다고 합니다. 유출되는 인구 중 젊은이의 비율이 높아서 인구 노령화도 심각합니다. 2000년 제5차 전국인구센서스 통계에 의하면 65세 이상 인구 비율이 옌볜 총인구의 7.77%이고 연령 중간 값은 36.63세로 이미 전형적인 노령화 사회로 접어들었습니다. 예상 수치로 보면 옌볜의 노년 인구 비율은 2030년 27.02%에 다다를 전망입니다(李輝 2007, 100-104). 인구는 모든 정치·경제·사회·문화 활동의 기초이므로 옌볜 조선족자치주의 인구 감소와 노령화는 이 지역 경제사회의 정상적 발전에 영향을 미칠 수밖에 없을 것입니다. 중국의 조선족 거주 지역에 대한 경제적·문화적 관심과 지원이 필요하다고 봅니다.

왕: 조선족 자치주의 인구 감소는 한·중 수교 이후 나타난 현상으로 한국 경제의 노동력 흡수가 자치주 인구 감소의 중요한 원인 가운데 하나입니다. 수교 이전 옌볜은 경제적으로 낙후된 지역에 속했고, 많은 사람들이 농업에 종사하고 있었으며, 부유한 사람들이 별로 없는

소득수준이 낮은 지역이었습니다. 수교 이후 수많은 조선족이 한국에 일하러 갔고, 그중 다수가 수차례 한국을 가거나 장기간 불법 체류했습니다. 일부 젊은이들은 한국 기업이 중국의 내륙 도시로 이전하면서 함께 움직였구요. 중국 제5차 인구조사 결과를 보면, 성외(省外)로 유출된 조선족 인구가 4만725명으로 전국 성외 유출 인구의 53.1%를, 조선족 총인구의 5.08%를 차지합니다. 한·중 경제 교류는 조선족의 소득을 제고시켰고 조선족에게 실질적인 이득을 가져다준 것이 사실이지만 유출된 인구가 다시 그 지역으로 들어오지 않는 현상은 조선족의 인구 위기를 가져왔습니다. 조선족 여성의 저출산 또한 옌볜 조선족자치주 인구 감소의 중요한 원인입니다. 중국이 한 자녀 정책을 실시한 이후 조선족과 다른 소수민족은 두 자녀까지 낳을 권리가 있었으며, 나아가 근래 조선족자치주는 출산 제한을 풀어 출산을 장려하는 정책으로 돌아섰습니다. 그러나 조선족 여성의 출산율은 여전히 계속 하강해 2007년을 전후해서는 1.5까지 내갔습니다. 조선족의 학력 수준은 중국 모든 민족 중에서 제일 높은데, 아마 이것이 조선족이 장기적으로 저출산을 지속하고 있는 원인 중 하나일 것입니다. 다른 원인은 젊은이들이 한국이나 중국의 대도시로 몰려간 것인데 이들 가운데 상당수는 한국 기업을 따라 생활 터전을 바꾸어 돌아오지 않고 있습니다.

옌볜 조선족 자치주의 인구 위기는 인구 수량의 감소뿐만 아니라 성별 비율의 격차에서도 나타납니다. 대도시에는 서비스업 종사자에 대한 요구가 크며 대도시로 가는 조선족 젊은이들은 여성이 대부분입니다. 또한 정규적인 경로로 해외에 취업할 수 있는 기회가 제한되어 있어, 많은 젊은 여성들이 합법적 해외 취업 기회를 얻기 위해 외국인과 결혼하거나 가짜 결혼을 선택하지요. 한 조사를 보면 근래 옌볜 자치구에서 매년 3천 명 정도의 조선족 여성이 한국인이나 일본인 등 외국인과 결혼했습니다. 1993년부터 2001년까지 전체 자치주에 등록된 국제결혼은 모두 1만8,885명이고 그중 조선족 여성이 1만8천 명이었습니다. 이 중 초혼 여성은 9,540명으로 나타납니다. 조선족 여성의 대량 유출과 국제결혼은 옌볜에 심각한 "총각 마을" 현상을 가져왔으며 옌볜 조선족자치주 부녀연합의 자료에 의하면 2000년 전체 주 25세 이상 미혼 남녀 비율이 7 대 1인 것으로 파악되었습니다(李玉子 2010, 48-52).

김: 조선족자치주의 이혼율도 심각하다고 들었습니다(권태환 2005). 아마도 부부 중 한명이 장기간 해외에서 일을 하기 때문인 것 같습니다. 많은 사람들이 불법적인 경로로 한국에 가기 때문에 가족을 보기 위해 귀국하면 다시 한국으로 나갈 수가 없어 중국을 방문하지 못하기 때문일 겁니다. 또한 불법으로 한국에서 일하기 위해 많은 돈을 이미 지불했으므로, 불법 취업한 조선족은 장기간 한국에 머물 수밖에 없지요. 이것이 결국 부부 사이를 멀어지게 하고 가정을 붕괴시키는 원인이라고 생각됩니다.

왕: 수많은 조선족 여성들은 한국에 일하러 가기 위해 한국인과 가짜 결혼까지 합니다. 먼저 조선족 남편과 가짜 이혼을 하고 다시 한국인과 가짜 결혼을 하는 거지요. 중국 제5차 인구조사 결과를 보면, 조선족 여성의 초혼 수는 1991년 6,798명에서 2000년에는 2,676명으로 하강했고, 이혼율과 결혼율이 똑같이 높았습니다. 허룽(和龍) 시의 사례를 보면, 2003년에서 2005년까지의 통계에서 이혼자가 혼인자 수를 넘어섰으며 그 숫자는 계속 증가했습니다. 2003년 이 시의 혼인 신

고자는 1,049명이고 이혼은 617명, 국제이혼은 761명이었습니다. 2004년 혼인 신고자는 1,124명, 이혼은 997명이며 해외 이혼은 910명이고, 2005년 결혼은 1,197명, 이혼은 1,077명, 해외 이혼은 1,866명으로 조사되었습니다(李玉子 2010, 48-52).

김: 그렇군요. 수많은 조선족 청장년이 해외로 일하러 나가면서 조선족자치주에는 매우 심각한 아이 양육의 문제도 있다고 들었습니다. 자녀들을 고향에 남겨둔 채 일하러 한국이나 중국 대도시로 간 부모들은 자주 집에 올 수 없고 미성년 자녀들은 결국 부모의 손을 벗어나게 되어, 자라나는 조선족 차세대의 정서와 교육에 큰 문제가 되고 있다고 합니다.

왕: 옌볜 주 부녀연합회의 자료에 의하면, 2007년 5월까지 옌볜 주 6개 도시와 2개현에 해외 출국 노동자가 9만9,180명이고 그중 자녀가 있는 사람이 4만4,518명입니다. 옌볜 주에 남아 있는 자녀들은 3만1,405명인데, 그중에서 부모가 해외에 있는 경우가 2만1,470명이고 국내에 있는 경우가 9,935명이었습니다. 남겨진 아이들 중에서 농촌에 있는 경우가 1만5,441명이고 도시에 거주하는 아이들이 1만5,964명이구요. 또 다른 조사에 의하면, 조선족 초등학교, 중학교에 남겨진 아이들 수는 이미 전체 학생 총수의 절반을 넘어섰고 심지어 어떤 학교는 77% 이상을 초과했다고 합니다. 남겨진 아이들 3만1,405명 가운데 40%가 부모 중 한사람이 남아 돌보고 40%는 할아버지·할머니 등 직계가족들이, 10%는 친지들이 돌봅니다. 일부 아이들은 다른 가정이나 기숙학교에 기거하고, 심지어 방치된 아이들도 있습니다(朴今海·鄭小新 2009, 103-108).

조선족 사회에 한·중 경제 교류는 양날의 칼입니다. 조선족들에게 경제적인 이익을 가져다주고 발전 기회를 제공하고 있지만 동시에 인구 유출, 노령화, 가정 해체, 자녀 교육, 과소비 등 수많은 사회문제를 가져왔고 이런 문제들 때문에 조선족 사회의 발전 심지어 존속이 위협받고 있습니다. 이러한 문제들을 극복하기 위해 무엇보다 먼저 중국 정부와 조선족 사회가 노력해야 하지만, 한국 사회 또한 이러한 상황들을 제대로 알고 조선족 관련 정책을 만들어야 한다고 봅니다.

4) 한국에 온 조선족

김: 조선족 문제는 일차적으로 한국 정부의 올바른 대처가 필요합니다. 편협한 민족주의와 국경을 벗어나 동아시아에 살고 있는 한 민족으로서, 한 사람으로서 조선족을 대하는 우리의 자세가 필요할 것입니다. 조선족에 대한 실질적인 배려는 중국의 조선족 자치주에 대한 경제적 지원과 더불어 조선족들이 한국 사회에 안정적으로 취업할 수 있는 방법이 필요합니다. 조선족이 주로 취업하는 직장은 3D 작업장이며 이는 한국의 취업난과 크게 상충되지 않는 부분이므로 이들의 취업을 돕는 것이 결코 한국인의 일자리를 빼앗는다고 보기 어렵습니다.[108]

108_실제로 조선족의 경우, 한국에서의 취업 경험이 한국에 대한 좋은 인상을 갖게 만들었다는 연구 결과가 있다. 김강일은 한국 방문 경험이 있는 조사 대상자의 63%가 한국에 대한 평가에서 매우 좋다, 혹은 대체로 좋다고 답하고 있으며, 한국 방문 경험이 있는 조선족들의 경우 한국에 대한 호감도가 전체 조사 대상자의 평균보다 높다고 했다(김강일 2001, 1-29).

한국에 일하러 온 중국 조선족 가운데는 저학력자가 대다수로 고졸 이하가 91.2%를 차지합니다. 이들은 한국으로 오기 이전 무직이었거나, 직업이 있었어도 벌이가 시원치 않았거나, 농업에 종사했거나 일용직 노동자나 자영업자인 경우가 80.4%였습니다. 이들은 한국에서도 노동환경과 생활환경이 열악합니다. 대부분 보수가 낮은 육체노동에 종사하고 있습니다. 또한 다수는 신분이 합법적이지 않아 여기저기 숨어 다니면서 일자리를 찾고 귀국도 하지 못하고 있습니다(유명기 2002). 한국인과 동일 직종에 종사하면서도 같은 월급을 받지 못하며, 임금이 체불되는 일도 흔합니다. 복지에 대한 보장이 없어 병이 나도 병원에 가기 힘들고, 사기를 당하거나 범죄에 휘말리는 경우도 있습니다. 이들은 피해를 입어도 법률 지원을 거의 받지 못합니다(전형권 2006).

왕: 한국에서 일하는 조선족들은 한국 사회에 융합하기 어려워 집단 내에서 긴밀한 후원 네트워크를 구성해 거주 공간을 중심으로 자신들의 소타운을 형성했습니다. 2008년 11월까지 한국에 온 조선족 가운데 17만3,992명이 서울에, 13만4,346명이 인천과 경기도에 거주하고 있으며, 수도권 서남부 가운데 생활비가 적게 드는 지역에서 집중 거주하고 있었습니다. 예를 들면, 서울 구로의 가리봉동이나 영등포구의 신길, 대림동 부근에 '연변촌'이 있습니다. 가리봉동의 '연변촌'을 보면, 이곳은 한 개의 시장을 중심으로 1만 명 이상의 조선족이 모여 살고 2백여 개의 중국 음식점, 식품점과 노래방 등이 산재해 있습니다(한상준 2000). 한국인은 외국인에게 상당히 배타적인 경향이 있는데, 가난한 국가 출신일 때 더 그런 것 같습니다. 이 지역으로 외국 노동자들이 모여들자 한국인들은 너나없이 이사를 갔고, 그 결과 주변 지역까지 부동산 가격이 내려가 이 지역은 투자와 개발이 더뎌졌다고 합니다.

표 5-1 | 2004~2008년 한국에 온 조선족 규모

단위 : 명

2004년	128,287
2005년	146,338
2006년	221,525
2007년	310,485
2008년	386,527

자료 : 한국 서울 출입국 관리사무소, "국내 체류 중국 조선족 현황" 2008년 11월 4일

'연변촌'은 경제적으로 낙후된 또 다른 국가의 노동자들을 불러들여, 점점 더 도시 빈민촌이 되었습니다. 이곳은 해가 지면 어디에서든 외국 노동자들을 볼 수 있으며, 한국인 특히 여성들은 밤에 이곳을 지나는 걸 꺼려하고, 경찰도 근무를 기피합니다. 이렇게 '연변촌'에 대한 한국인들의 경계와 혐오감이 점점 증가했고 조선족에 대한 차별도 더 심해지는 등 악순환이 지속되고 있습니다. 김 선생님이 서두에서 조선족 범죄 이야기를 하셨지만 '연변촌' 등 외국 노동자 거주지에서 범죄가 종종 발생한다고 합니다. 출신 국가나 지역을 중심으로 범죄 집단이 형성되기도 합니다. 이들은 자국에서 한국으로 불법 체류를 위해 건너오는 사람들을 상대로 대출을 해주거나, 마약을 팔거나, 위조 신분증을 만들어 주는 등의 불법행위를 하고 있습니다.[109] 비록 한국에서 많은 민간단체와 개인들이 불법 체류자들에게 도움의 손길을 주고

109_예를 들어, 2005년 9월 인천에서 범죄 조직이 무료 중국 여행을 제공하는 대가로 한국인 신용 불량자를 모집해 조선족 처녀와 가짜 결혼을 하게 만든 사건이 발생했다. 이 조직은 한국인과 가짜 결혼을 원하는 조선족들에게 각 8백만 원에서 1천2백만 원의 비용을 요구했고 이러한 범죄 조직이 한국 경찰에 의해 하루 만에 체포되었다. 그 조직은 118명이었다(박기륜 2006).

있지만, 재한 조선족의 전체적인 생활환경은 여전히 매우 열악하고 한국 사회에 위해를 가하는 집단으로 인식되고 있는 게 사실입니다.

　　김: 2012년 7월 21일자 신문에 의하면 현재 조선족은 183만 명으로 20년 새 4.6%가 감소했다고 합니다. 조선족은 중국과 한국을 잇는 중요한 가교 역할을 할 수 있고 앞으로 한반도가 통일이 된다면 그 역할은 더욱 중요해질 것입니다. 한국에서 일하고 있는 조선족들의 열악한 상황은 정말 심각하고 한국인으로서 부끄러움을 느끼게 합니다. 가능한 한 빠른 시일 내에 일자리를 얻는 과정에서, 임금과 대우에서, 생활 방면에서 조선족들이 당하고 있는 차별대우가 시정되어야 할 것입니다. 조선족들이 한국을 자신들을 차별하는 사회로 인식한다는 것은 정말 안타까운 일일 것이기 때문입니다.

2. 역사 분쟁 문제

김: 한·중 문화 교류에서 중요한 또 다른 쟁점은 역사 분쟁입니다. 역사 분쟁에는 고구려사와 발해사 문제, 단오절 등 문화유산 신청 문제,[110] 간도 영토 문제,[111] 백두산 문제[112] 등 역사 귀속과 영토를 둘러

110_앞에서 설명했듯이, 2005년 한국이 강릉 단오제를 유네스코에 문화유산으로 신청하자 중국인들은 단오제가 중국의 명절이라며 분노했던 사건이다. 단오절은 중국에서도 중요한 전통 명절이고 중국인은 한국이 중국 문화를 뺏어 갔다며 전통 명절을 보호하자는 여론을 고조시켰다. 이런 배경하에 2007년 중국 정부는 학자들의 주장을 받아들

싼 사건이 있습니다. 역사 분쟁이 발생하면 한·중 국민 사이에 반한, 반중 감정이 격화됩니다.[113] 한·중은 이웃한 나라이고 오랜 기간 역사적 관계를 갖고 있었습니다. 서로 왕조가 바뀌고 지리적인 경계가 변화했기 때문에 구체적인 변경 지역이 어디에 귀속되느냐의 문제가 끊임없이 발생하는 것 같습니다. 세계사적으로 영토 분쟁은 어쩔 수 없이 일어나며 이것이 역사 찾기, 뿌리 찾기라는 명분을 통해 격화되면서 민족주의와 융합하기도 합니다. 이런 잠재된 문제들이 시시때때로 나타나면서 양국의 민족 감정이 충돌하는 안타까운 상황이 벌어지고 있습니다.

1) 동북 공정 역사 분쟁

왕: 먼저 고구려 역사 분쟁에 대해 이야기해 보겠습니다. 1980년부터 중국은 동북 지역 역사 연구에서 새로운 성과들을 내고 있었고 고

여 단오와 중추절 등 전통 명절을 법정 휴일로 정했고, 2009년 단오절을 세계문화유산으로 신청했다.

111_2004년 한국의 국회의원 59명이 간도협약 무효 결의안을 제출했고, 2009년에는 50명의 의원이 연명으로 유사한 법안을 제출했던 사건이다(王生 2010, 36-41).

112_백두산(장백산)을 중국이 개발한다는 소식에 한국의 네티즌들이 문제를 제기했고, 중국에서는 왜 백두산이 조선 태조의 탄생지가 되었는지, 풍수지리에서 주산이 되었는지, 일본 식민지 시기 조선 민족 독립 정신의 상징을 지닌 영산이 되었는지에 대한 문제를 제기하고 나섰다(李花子 2007, 126-135).

113_중국의 『국제선구보도』(國際先驅導報)는 한·중 역사 분쟁 이후 실시한 설문 조사에서 1만2천 명의 응답자 중 41.1%가 가장 싫어하는 나라로 한국을 꼽았는데, 이는 일본의 30.2%보다 앞선 것이라고 보도했다.

구려가 역사적으로 동북 지역에서 활동한 소수민족 정권이라는 주장이 등장하기 시작했습니다. 2002년 2월 중국 사회과학원과 헤이룽장·지린·랴오닝 3성의 연구 기관, 대학 연합 조직의 대형 학술 과제인 "동북 변경 역사와 현상 계열 연구 프로젝트"(東北邊疆史歷史與現狀系列研究工程)가 정식으로 출범했고 중국 사회과학원 원급 중대형 과제에 포함되었습니다. 이후 2003년 6월 중국 『광명일보』는 '동북 공정'을 소개했는데 주목 받은 연구 결과로 "고구려는 중국의 소수민족 정권"(高句麗是中國的少數民族政權)이라는 학술 논문이 있습니다(李國強 2004). 한국은 곧 이것이 중국의 역사 패권주의의 표현이라고 비판했고, 북핵 문제 등 불안한 한반도 상황과 연결시켜 중국이 북한의 붕괴에 대비해 북한을 점령하기 위한 준비를 하는 것이라고 성토했습니다. 결국 중국에 대한 한국 국민들의 인식이 급격하게 나빠졌지요.

김: 예, 맞습니다. 한·중의 역사 분쟁이 처음으로 시작되었다고 할 수 있지요. 동북 공정은 고조선, 발해, 고구려 역사를 중국사에 편입시키려는 중국 학계의 작업을 뜻합니다. 동북 공정은 현재뿐 아니라 과거 중국 영토 내에서 살아왔던 모든 민족을 중화 민족이라는 테두리 안에 두려는 것이고, 이를 위해 한민족의 역사적 발원지인 고구려·발해까지 중국 역사의 일부분이라고 주장하는 무리수를 둔 것으로 보입니다. 사실상 동북 공정은 중국의 동북 변강(邊疆) 전략의 일환이자 중국의 역사관·민족관·영토관·국가관이 응축된 통일적 다민족 국가론의 표현입니다. 2001년 6월 창춘에서 중국 사회과학원과 중국 공산당 지린 성 위원회가 연합으로 주관한 "동북 변강 역사와 현상 연구 공작 좌담회"에서 의사일정이 제기되었고, 8개월여에 걸친 준비 과정을 거쳐 2002년 5월 "동북 변강 역사와 현상 계열 연구 공정"이라는 명칭으

로 공식 출범했지요.

왕: 중국이 동북 공정을 추진한 이유는 동북 변경 지역의 역사와 현상에 대한 연구를 발전시켜 이 지역의 안정을 더욱 공고히 하고자 한 것입니다.[114] 낙후된 변경 지역의 안정과 번영을 촉진하기 위해 중국은 서북과 서남 등 지역에 경제개발 정책을 실시했고 그 이전에 이러한 지역의 역사를 규명하기 위해 연구를 시행했습니다(李国强 2004, 3). 중국 사회과학원은 비록 정부 연구 기관이지만 학술 연구 기관이기도 합니다. 정부의 경제적 지원을 받기 위해 연구 과제의 정치사회적 의의를 강조하고 정부 관련 부서의 고위층을 고문으로 초빙했습니다. 중국 사회과학원은 동북 공정 연구를 주최했지만 중국 정부가 하향적으로 정치적 지시를 한 것은 아닙니다. 동북 공정에 대한 한국의 격렬한 반대와 과도하게 정치화된 해석에 대해 중국 학술계와 정부는 사실상 예측하지 못했습니다. 한·중 간에 논쟁이 발생한 이후 중국은 논쟁을 피하고자 공동 연구를 제안했으며 이 문제가 학술 영역 내에 머물기를 희망했지요. 그러나 많은 한국인들은 계속해서 동북 공정이 중국이 조직적으로, 의도를 가지고 앞으로 한반도 패권을 장악하기 위해 준비한다고 여기는 듯합니다.

김: 동북 공정이 문제가 되는 것은 다루고 있는 내용들 중 고구려사를 비롯한 고조선·발해 등 한국 고대사와 관련된 연구들이 한국의

114_동북 공정에서 시행하는 연구 과제를 보면, 동북 지방사 연구, 동북 민족사 연구, 고조선·고구려·발해 역사 연구, 중국과 조선 관계사 연구, 한반도 정세 변화 및 그에 따른 중국 변경 안정에 대한 연구 등 한국과 직접 관련이 있는 내용이 주를 이루고 있다. 특히 이 중에서 가장 비중이 큰 것이 고구려사의 중국 귀속이다.

역사를 크게 왜곡하고 있다는 데 있습니다.[115] 중국은 고구려를 중국의 소수민족이 세운 지방 정권이라고 보아 고구려사를 중국사의 일부라고 주장했습니다. 이런 주장을 중국 정부 차원에서 지원하며 연구를 진행시키고 있다는 데 문제가 있지요. 중국 측 자료에 따르면 중국은 동북 공정 연구를 2007년 5월 말로 공식 종료하고 중국 정부의 연구비 지원도 중단하는 대신 지방 차원에서는 계속 연구를 추진할 것으로 알려졌습니다. 또한 연구 보고서의 출판은 한국 등의 반발을 감안해 내부 보고서 수준에서 마무리하는 쪽으로 방침이 바뀌었고요. 이 같은 자세는 중국 정부가 한국의 반발을 의식해 표면적으로는 동북 공정을 종결했지만, 각 지방 기관과 대학, 연구 기관 등이 동북 공정을 계속하도록 방치했다는 것입니다.

왕: 중국 지식층의 일반적인 분위기는 이렇습니다. 고구려가 중국 소수민족의 정권인가 아닌가는 역사학자들이 다룰 문제다. 중국 역사 학계 안에서도 이 문제에 대해 다른 의견이 존재합니다. 최근 연구 결과들이 "소수민족 정권"이라는 결론을 더 많이 지지하게 된 것이죠. 하지만 고구려가 한국사라고 주장하는 학자도 있고 고구려사에 대해 '일사양용'(一史兩用)의 입장을 취해야 한다고 주장하는 학자들도 있습니다. 즉 고구려사가 중국사의 일부이면서 한국사의 일부이기도 하다는 거죠. 중국은 실제로 주변의 다른 나라들과 역사 문제를 이런 식으로

115_중국 관영 CCTV는 다큐멘터리 프로그램 〈창바이산〉(長白山, 백두산)을 통해 발해를 당나라의 외곽 군사정부이자 당나라 영토의 일부라고 소개했다(『동아일보』 2012/01/13).

처리한 선례가 있고, 이를 통해 양국 사회의 감정적인 거리를 좁혔습니다. 하지만 한국 사회는 이런 시각을 받아들이지 못하는 모양입니다.

한국 사회에서는 계속 고구려 연구가 정부에서 출자한 연구 프로젝트라고 강조하지만 중국의 대규모 프로젝트들은 대부분 다 정부 프로젝트들입니다. 민간 연구 재단이 거의 없는 상태죠. 역사 연구는 기업의 협찬을 받을 수 있는 기회가 적어서 더욱 그렇고요. 중국 정부와 학술계가 한국 사회로부터 항의를 받았으나 정부는 그렇다고 학술 연구에 제동을 걸 수 없으며, 학자들은 더욱 그럴 생각이 없습니다. 학술 문제를 함께 연구하고 토론하면 된다고 생각합니다. 다행인 것은 한국 사회에 대한 지식과 이해가 부족하다는 것을 인식하게 됐고 앞으로 주의하자는 쪽으로 결론을 내렸다는 겁니다. 고구려 문제가 한국에서 학술 연구의 범위를 벗어나 상상 외로 정치화됐다고 생각하기 때문에 국내에서는 연구를 계속하되 이슈화를 되도록 피하자는 자세를 취한 것이죠. 그래서 당시 중국 외교 부장이었던 왕이(王毅)가 2004년 2월 한국을 방문해 고구려 문제는 민간의 학술 문제라는 공통된 의견을 나누었고 이후 곧바로 고구려 역사 문제에 대해 양해 합의를 체결했습니다. 그 내용을 보면 고구려 문제가 양국 간에 갈등을 일으킨 것에 위기 의식을 느낀다는 것, 역사 문제가 한·중 우호 관계에 영향을 미치지 않도록 노력한다는 것, 고구려사 문제가 공정하게 해결되기를 기대하며 이 문제가 정치화되는 것을 막겠다는 것, 중앙과 지방정부 모두 고구려사 문제를 원만하게 처리하겠다는 것, 역사 문제는 학술 교류를 통해 해결하겠다는 것 등이었지요.

김: 그럼에도 불구하고 2006년 동북 공정 연구가 출판되었고, 한국

은 중국이 고구려 역사 분쟁 문제에서 관점이 별로 변한 것이 없다고 비판했습니다. 현재 한국은 중국의 역사 문제를 주시하고 있고 청나라 역사 등 역사 연구 과제가 고대 조선을 중국의 속국으로 묘사하는가에 신경을 곤두세우고 있습니다. 만약 이런 일이 일어난다면 한·중 양국 간에 더 심각한 역사적 분쟁이 생기겠지요.

왕: 우리는 역사학자가 아니라서 역사학자의 시각으로 고구려가 중국 소수민족 정권인지 아닌지를 고증하는 것은 어렵습니다. 다만 한·중 양국 국민이 이 문제에서 기본적인 역사 인식의 차이가 있는 것 같습니다. 제가 보기에 중국은 다민족국가로 각 민족의 역사는 모두 중국 역사의 일부라고 생각합니다. 역사상 고구려, 발해가 소재한 동 북 지역은 많은 소수민족이 생활한 곳으로 각각 오늘날의 만주족 등 소수민족의 전신이었지요. 하지만 단일민족인 한국은 이런 시각을 받 아들이기 힘들고 특히 민족 사관이 자리 잡은 후에 삼국사 중에서도 고구려사를 가장 자랑스러워하는 것 같습니다. 이런 한국 사회 분위기 에서 고구려사에 대한 중국의 시각에 반감을 느끼는 것도 이해가 됩니 다.

김: 저도 고구려와 발해의 역사 귀속 문제는 학술적인 사안이며 양 국 학자들이 공동으로 연구하고 논의해야 할 문제라고 봅니다. 이것이 양국 간에 쟁점이 된 것은 역사 문제가 두 나라의 국가주의와 민족주 의를 자극했기 때문입니다. 왕 선생님도 이야기했듯이, 2004년 중국 의 『광명일보』가 고구려는 중국 소수민족 정권이라는 글을 실었고 이 에 대해 한국 국민이 분노했습니다. 대부분의 한국인들이 고구려 역사 를 중국에 귀속하는 것이 부적절하며, 중국이 한류로 인한 일방적 문 화 수입을 차단하기 위해 한국을 중국의 일부로 여기려 한다는 반중국

정서가 확대되었습니다. 한국은 지리적으로 중·러·일이라는 거대한 국가 사이에 놓여 있고 역사적으로 침략을 많이 받았으며, 일본의 식민지 지배를 오랫동안 받은 국가입니다. 중국인들은 고구려를 한족 문화와 다르지만 자신의 영토 중 일부였으며, 고대 중원에 조공을 했던 나라로 기억하고 있지요. 물론 역사 문제는 많은 논쟁과 상이한 시각이 존재하고, 역사 문제를 정치적으로 해석할 경우 두 나라는 긴장될 수밖에 없으므로 학자들의 연구 분야로 남겨 둬야 하는 게 옳습니다. 하지만 과연 역사 분쟁이 학자들만의 영역일 수 있을까 하는 의문이 들기도 합니다.

왕: 제가 학술 문제라고 하는 이유는 고구려는 중국의 역사 교과서에 조선 반도에 일찍이 존재했던 세 국가 중 하나라고 기술되어 있고, 중국 역사 서술의 변화에 대해 일반 사람들은 이것은 학술적 문제라고 여기기 때문입니다. 물론 고대 중국과 조선 사이의 조공 관계에 대해 일반 중국인들이 조선이 중국의 속국이었다고 여기는 경향이 있는 건 사실입니다. 중국과 조공국의 관계는 서구의 식민-피식민 관계와는 달라서 조공국을 실제적으로 관리하지는 않았지요. 하지만 중국은 주변 국가에 대해 "토벌과 유연 병용정책"(討伐與懷柔 倂用的政策)을 실시했고 중국의 군사적 우위와 중화 문명을 바탕으로 강약의 정책을 실시했습니다. 주변 국가로 하여금 중국을 쉽게 침범하지 못하도록 만들었으며, 중국에 신하로 칭해지는 조공국은 군신 간의 예의를 준수했습니다. 조공 국가는 중국 황제에게 자국의 특산물을 진헌했으며 중국은 더 많은 물품으로 답례를 했지요. 때로는 조공 국가에 재난이 발생했을 경우 실질적인 도움을 주기도 했고 침략자를 축출하는 데 도움이 필요하면 그들을 돕기도 했습니다. 조공국은 중국과의 무역에서 경제

적 이익을 획득했고 중국으로부터 선진적 문화를 배워 갔으며, 중국은 그 지역에 안정을 가져다주었고 중국 통치자는 이러한 '만국조래'(萬國來朝)를 통해 그 정권의 합법성을 제고해 나갔습니다. 중국인의 시각에서 고대 중국은 군사, 경제와 문화에서 우월한 지위에 있었으며, 조공은 고대 중국이 주도한 일종의 천하문명질서이며 조공국들은 중국 문명을 인정한, 심지어는 중국 문명에 동화된 국가였다는 것입니다.

물론 조공국에 대한 중국의 통치가 예의와 형식적인 것이었지만 중국이 만든 천하 체계에는 위계질서가 있었으며, 중국은 이러한 문명의 핵심이고 조공국과 중국은 국가와 국가 간의 평등한 관계가 아니었다고 생각합니다. 여기서 강조하고 싶은 것은, 중국의 문명 질서에 '민족국가'라는 개념이 없었고 소위 말하는 위계질서 또한 중화 문명을 받아들이는 정도에 의해 구별되었다는 겁니다. '민족국가'는 근대 서양이 아시아로 확장되면서 함께 들어온 개념이고, 그 후로 국가의 주권이 강조되고 민족주의가 나타났어요. 하지만 고대 중국과 주변 지역의 질서는 중국이 문명의 핵심, 중국 문명을 받아들이는 자는 '아'(我), 중국 문명을 받아들이지 않은 자는 '타자'이며 오랑캐로 인식되었습니다. 문명의 동심원 그림에서 조선 반도가 핵심은 아니지만 원심에 가장 가까운 나라들 중 하나였다고 봅니다. 조선도 이런 질서를 인정해 자신을 '신국'(臣國)이라 했고, 오늘날의 중국인들도 고대 조선 반도가 중국에 '신국'의 예의를 갖췄으며 중국 문명을 받아들였다는 의미에서 한국을 속국이라고 생각합니다(高飛 2012, 78-93). 오늘날의 식민국 개념과 완전히 다르고, 그렇다고 해서 오늘날 중국이 패권을 추구하겠다는 것도 아닙니다.

김: 정말 한·중 사이에 역사 귀속에 대한 인식의 차이가 분명하게

존재하는 것 같습니다. 중화 질서가 과연 무엇인지, 실제로 어떻게 운영되었는지, 중화 질서가 중국의 의도대로만 유지된 것인지, 조선은 속국이 아니라 중화 질서를 역이용해 생존을 모색한 건 아닌지 등의 논쟁이 있을 수 있다고 보는데 여기서는 더 깊이 들어가지 않겠습니다. 다만 과거 역사에 대한 인식의 차이가 한국인들로 하여금 동북공정을 더 민감하게 받아들이도록 한건 사실입니다. 동북 공정에 대해 알고 있느냐는 질문에 알고 있다고 대답한 한국인은 33.1%인 데 반해 중국인은 11.8%에 불과했습니다. 동북 공정이 옳지 않다고 생각하느냐는 질문에 한국인은 22.8%가 그렇다고 대답해 중국인의 3.4%에 비해 높은 반면, 동북 공정에 대해 상대적으로 포용적인 시각을 가진 사람은 한국인 20.6%, 중국인 47.9%로 중국인이 2배 이상 많았습니다. 구체적으로 고구려사와 발해사에 관한 논쟁이 벌어졌을 때, 중국인은 43.7%가 고려사가 중국사의 일부라고 생각했고, 39.5%가 발해사가 중국사의 일부라고 주장했습니다(남종호 외 2010). 한국인과 중국인 사이에 역사 인식의 차이가 정말로 큰 것 같습니다.

2) 역사 해석과 민족주의

김 : 한·중 양국은 서로에 대해 이중적인 감정을 가지고 있는 듯합니다. 한국은 중국의 조공 국가였는데, 먼저 개발도상국을 벗어남으로써 중국이 개혁 개방을 하는 데 있어 하나의 모범이 되기도 했습니다. 한국은 유가와 한자라는 중국의 전통을 답습하면서 중국을 사대해 왔던 국가였지만, 경제 발전 이후 발전 모델을 중국에 수출하고 한류를 통해 문화적으로 영향을 끼치는 나라가 되었고요. 중국으로서는 역전

을 당한 셈입니다.[116] 한국인들은 단일민족으로서 오랜 역사에 걸쳐 주변 강대국의 틈바구니에서 살아남아 독립과 번영을 이룩했다는 데 강한 자부심을 갖고 있습니다. 최근에는 가전, IT, 스포츠, 문화 산업 분야에서 다른 나라보다 우위에 서있다는 자긍심도 있고요. 중국 역시 개혁 개방 이전 잠시 위축되었지만 자신들이 고대에 고도의 문명을 가진 나라이며 단기간 동안 성공적인 경제 발전을 통해 국제사회에서 이미 인정을 받았고 영향력도 확대되고 있다고 생각합니다. 과거 중화 문명의 영광을 재현할 수 있다는 자신감과 긍지가 그 어느 때보다 강한 것 같습니다. 이것은 한편 한 국가가 성장하는 데 중요한 동력이 되지만 때로는 지나친 민족주의의 과열로 나타납니다. 특히 양국 젊은 세대들은 국가라는 집단적 정체성에 무관심한 것 같지만 때로는 민족 주의적 정서가 강하게 표출되기도 합니다.[117] 역사 분쟁이 지속적으로 논란을 거듭하는 상황을 보면, 학술계보다 인터넷을 사용하는 젊은 세대들 사이에서 더 심각해 보입니다. 역사 분쟁과 더불어 2007년 동계 아시안 게임에서의 해프닝, 2008년 베이징 올림픽 성화 봉송과 경기 진행 과정에서 나타난 양국 국민들 간의 마찰과 갈등 등은 서로 간의

116_중국의 사대 전통은 현재 중국의 국가주의 강화와 맞물려 중국 위협론으로 전환되고 있다. 후자는 중국에 대한 무시와 결합해 중국 혐오 현상으로 발전했다. 이욱연은 대국으로서의 중국 이미지와 천한 중국의 이미지로 나누고, 전자를 중·한·일 전통적 계서 구조와, 후자를 자본주의 세계 체제의 미·일·한·중 계서 구도와 각각 연계시켰다(이욱연 2007a, 5-28).

117_한국의 경우, 이들은 민주화 이후의 세대들이고, 중국은 개혁 개방 이후 태어난 '바링허우'(80后, 1980년대 이후 출생)와 '지우링허우'(90后, 1990년대 이후 출생) 세대들이다.

민족적 자존심과 민족 감정이 충돌해 야기된 것으로 해석할 수 있습니다.

왕: 네. 제 생각에도 한·중 간 역사 논쟁은 더 심층적인 문제를 반영하고 있는 것 같습니다. 양국 국민의 민족주의가 강하고 서로에 대한 정치적 신뢰가 취약하다고 봅니다. 중국의 급속한 성장은 중국 경제에 대한 한국의 의존을 심화시켰으며, 중국의 세계적 영향력이 부단히 증가하는 상황에서 중국 위협론이 한국에 등장했습니다. 고구려 역사 분쟁이 발생했을 때 한반도에는 북한의 핵실험으로 인해 위기감이 증폭해 있었고 중국에 대한 경계심도 컸습니다. 재미있는 것은 중국의 부상에 대해서는 위협으로 보는 시각과 낙관적으로 보는 시각이 존재하는데, 두 개의 관점은 중국의 고구려 연구를 비판하는 데에는 의견이 일치하지만 고구려 프로젝트의 의도에 대한 판독이 다릅니다.[118] 비판적인 시각을 가진 사람들은 동북 공정을 중국이 실제로 북한이 붕괴했을 때 발생할 수 있는 영토 분쟁에 대비하는 것이라고 봅니다. 낙관적인 시각의 사람들은 동북 공정에 대해 중국이 패권을 추구하는 것이 아니며 국내문제를 해결하기 위한 것이라고 주장합니다. 이들은 중

118_한국 사회에는 중국의 부상에 대한 현실주의 비관론과 자유주의 낙관론이 있다. 이희옥의 설명에 의하면, 현실주의 비관론자들은 중국의 부상이 필히 미국의 패권과 경쟁할 것이며 한반도는 장차 중미 패권 다툼에서 제일선에 있고 이것이 한반도에 위기를 가져온다고 본다. 이들은 또한 중국의 경제 발전이 한국의 경제 공동화를 야기할 것이라고 주장한다. 자유주의 낙관론자들은 중국이 당분간 미국 주도의 세계 질서에 불만을 나타내지 않을 것이며 중미 간에 역량의 평화적 전이가 실현될 것이고, 이 과정에서 한반도의 안정을 위협하지 않을 것이라고 여긴다. 또한 중국의 경제 발전이 한국에도 이익이 될 것이라고 생각한다(이희옥 2009, 12-13).

국이 역사 연구를 통해 소수민족의 단결을 실현하려고 하는 것이며, 이 과정에서 주변 국가를 고려하지 않아 의도하지 않게 한·중 관계를 악화시켰다고 봅니다.

고구려사 분쟁이 한국인의 대중국 감정을 악화시켰으나 중국인들은 이 사실을 많이 모릅니다. 중국에서 말하는 한·중 역사 문화 분쟁은 여기서 언급한 양국이 공유한 전통문화의 발원지를 둘러싼 싸움들입니다. 이 문제를 야기한 더 근원적인 원인은 또한 중국인의 민족주의와 중국 고속 성장에 의해 생긴 '현기증'이라고 봅니다. 문화 발원지 분쟁이든 동북 공정의 역사 분쟁이든 이러한 분쟁들이, 숨겨졌던 두 나라의 민족주의 대립과 불신을 노출시키면서 적대적인 민족주의를 더욱 강화시키며 불신을 심화시킨 것이지요. 이러한 문제가 반복되면 한·중 관계가 악순환에서 벗어나지 못할 겁니다.

김: 역사 분쟁은 국가주의와 연계되어 정치적으로 변질되기도 합니다. 역사 문제가 국가와 민족이라는 거대 담론에 갇혀 학술적인 본연의 역할에서 멀어지게 되는 것이지요. 한국의 한 학자는 역사 분쟁에서 양국이 서로 비방하고 혐오하는 현상을 사건에 맞추지 말고 국가주의가 개입된 문화 민족주의에 맞춰야 한다고 주장하기도 합니다. 문화 민족주의에 대한 국가주의적 개입을 비판하고 저항적이고 성찰적인 계기를 발견해서 문화 다양성을 확보할 수 있도록 상호 노력해야만 문화 세계화의 흐름에 함께 대처하고 국가주의의 무한 경쟁의 종국인 전쟁을 미연에 방지할 수 있다는 것이지요(임춘성 2008, 4-5; 임춘성 2009, 227-247). 근대 이후 한·중 양국의 단절이 서로에게 중요한 시기에 제대로 교류를 할 기회를 갖지 못하게 했습니다. 두 나라가 가진 역사적 상처는 역사의 귀속이나 영토 문제에 부딪혔을 때 서로의 민족주의를

고양시켜 국가의 강대함에 기여하려는 것 같습니다.

왕: 양국의 민족주의 정서를 부추긴 것이 두 나라의 대중매체라고 생각합니다. 고구려 역사 분쟁이 시작되었을 때 너무 과장되고 감정적인 보도를 해서 오히려 이를 정치화하려는 경향이 강했습니다. 학자들이 동북 공정의 의도를 해석할 때 다양한 입장을 가지고 있었던 데 반해 대중매체 특히 한국의 매체는 중국 패권주의에 대한 공격만을 일삼았고 중국의 입장을 해명하려는 노력이 없었습니다. 오히려 민족주의를 선동하는 것처럼 보였지요. 중국이 백두산(장백산)의 중국 쪽 영토 일부를 개발하려는 것에 대해 신문 보도가 격렬한 의혹을 제기해 사람들로 하여금 백두산은 한국인의 영토라는 민족주의 의식을 일깨웠습니다. 이것이 중국에 대한 적대감만 부추겼고 결국 한·중 관계를 더 어렵게 만들었다고 봅니다. 물론 중국 매체도 문제가 있습니다. 중국인들로 하여금 "한국이 중국의 전통문화를 강탈했다"고 생각하게 만드는 많은 보도들이 근거 없는 것이었으며, 극소수 한국인의 의견을 마치 한국 사회의 주류 인식인 것처럼 보도했습니다.

김: 매체 중에서도 인터넷 문제가 큰 것 같습니다. 인터넷이 일상화되면서 네티즌이 여론을 주도하는 경향이 강해지고 있는데 한·중 양국의 역사 분쟁은 네티즌의 역할이 크게 작용한 점이 있습니다. 네티즌들은 한·중 민간 교류의 새로운 공간을 개척하고 새로운 모델을 제시한다는 점에서는 긍정적이지만 동시에 한·중 간의 쟁점을 해결하기보다 더 경색시키는 부정적인 측면도 있습니다. 역사적 쟁점은 있을 수 있지만 서로 협상과 논의를 통해 풀 수 있는데 일방적으로 비방만 하면서 민족 감정에 호소하는 것은 안타까운 일입니다.

왕: 제가 보기에 한·중 양국은 상호 신뢰가 아직 부족하고 강렬한

민족주의 정서가 남아 있어 자국 역사에 대해 강한 자부심을 가지고 있습니다. 또한 한·중은 역사를 바라보는 시각이 일치하지 않고, 중국인은 한국이 동아시아 문화 종주국으로서 중국의 지위를 인정하길 바라고, 많은 한국인들은 역사적으로 한·중 관계를 피압박 관계로 해석하려고 합니다. 한·중 사회에 존재하는 역사 문제에서의 확연히 다른 시각이 양국 국민 사이에 역사 분쟁의 가능성을 가져오는 듯합니다. 그러나 한·중 양국의 이러한 저항적·배타적 민족주의는 단기간 내에 변할 수 있는 것이 아니므로 한·중 양국이 지금 단계에서 할 수 있는 일은 그냥 방치해 두고 논쟁하지 않는 것이 아닐까 생각합니다.

김: 역사적 분쟁을 해결하기 위한 묘책이 절실한데 방안이 쉽게 나타나지 않고 있군요. 왕 선생님 말씀처럼 논의를 접고 놔두는 것도 하나의 방안이지만 오히려 서로 자주 소통하고 논의를 해서 이견을 좁혀 가는 것도 방법이 아닐지요. 중요한 역사 문제에 대해 공동 연구 위원회를 설립하거나 토론회를 정기적으로 열어 서로의 생각을 읽을 필요가 있다고 봅니다. 최근 11년 동안의 작업을 통해 한·중·일 3국의 역사학자들이 동아시아 근현대사를 펴냈는데 이것이 좋은 귀감이 될 거라고 생각합니다.

왕: 맞습니다. 역사 문제는 결국 역사이며 고구려·발해는 특정한 역사적 시공간 속에 존재했으므로 역사학자들이 토론하도록 해야 한다고 봅니다. 즉 고구려나 발해는 지나간 역사 속의 고구려와 발해일 뿐이며 고대 동아시아 국제 질서와 지금의 국제 질서는 완전히 다르다는 걸 이해해야겠지요. 중국인은 동아시아 패권을 추구하지 않지만 주변 국가가 중국의 문화 종주국 지위를 인정해 주기를 바랍니다. 이러한 요구는 민족감정이 똑같이 강한 중국 주변국 국민들의 반감을 초래

하는 게 당연합니다. 지금은 중화 질서의 시대가 아니므로 중국인은 성숙하게 고대와 현재의 차이를 인정하고 주변 국가의 입장을 이해하고 다른 나라들의 민족주의 정서도 살펴야 합니다. 오늘날 우리는 민족국가라는 개념을 당연시하고 있으며 역사·문화 등 영역에서 자존심 싸움을 하고 있지만 지금 유럽은 민족국가라는 틀을 벗어나 공동 협력을 하고 있어요. 오히려 동아시아 사회에서 민족주의가 고양되고 있으니 아이러니입니다. 이것이 동아시아 공동체 형성에 장애가 되는 건 물론이지요.

김: 중국을 연구하는 사학자 티머시 브룩은 동북 공정을 정치적 관점으로 접근하게 되면 대립과 갈등만 계속될 뿐 아무런 결론도 내릴 수 없다고 했습니다. 더 중요한 것은 현재 두 나라의 관계를 자꾸 과거로 되돌리려고 해서는 안 된다는 겁니다. 근거 없이 논쟁만 지속된다면 서로 이로울 것이 없으며 민족 감정에 호소하는 것도 갈등만 증폭시킬 것입니다. 앞에서 이야기했듯 양국 관련 학자들이 지속적인 소통을 통해 학술적 연구와 토론을 진행함으로써 동북 지역의 과거 역사에 대한 명확한 논의를 할 필요가 있습니다. 지속적 관심과 느긋함을 가지고 감정적이 아닌 학술적으로 대응하는 것이 합리적일 것입니다.

왕: 저도 그렇게 봅니다. 한·중 역사 분쟁은 지금 단계에서는 해결하기 어려우며, 이 때문에 한·중 간 협력이 퇴보하면 민간 수준에서의 이익을 해칠 수 있지요. 이 문제는 동아시아의 국제 관계 구조가 개선된 이후, 중국이 더 발전해서 세계로부터 광범위한 인정을 얻은 이후, 동아시아 지역의 경제 공동체가 더욱 심화된 이후, 한·중 양국 시민사회가 더욱 성숙해져 민족국가 이익과 지역 협력의 문제를 제대로 인식한 이후, 한·중 역사 분쟁은 자연스럽게 소멸할 것이며 순수한 학술 문

제로 물러나게 될 것입니다. 그래서 한·중 역사 분쟁에서 누가 옳고 그르냐의 문제는 현 단계에서는 그냥 방치해 놓고 이것이 한·중 관계에 미치는 영향을 회피하면 좋겠습니다. 다만 한·중 사회에 존재하는 상이한 시각에 대해 관심을 기울이고 공개적이고 허심탄회하게 토론을 진행해 서로 상대의 관점을 충분히 이해해야 한다는 데 동의합니다. 이런 과정을 통해서 함께 성숙해질 수 있다고 생각합니다.

제6장

한·중 문화 교류의 과제와 전망

한국, 중국 그리고 동아시아

1. 한·중 문화 교류의 과제

한·중 문화 교류가 본격적으로 시작된 지 20여 년의 세월이 흘렀다. 두 나라의 역사적 관계를 생각하면 짧은 기간이었지만 그동안 소통의 부재를 메우기에는 부족하지 않은 시간이었다. 그러나 20여 년의 문화 교류가 역사적으로 쌓여 온 오해나 그동안 벌어진 간극을 다 채울 수는 없었던 듯하다. 앞으로의 여정보다 한·중 관계는 더 오래 지속될 것이라는 가정을 해보면 한·중 문화 교류가 걸어갈, 걸어가야만 할 길은 멀고 그러므로 그 가능성도 무한하다. 그 길을 순조롭게 가기 위해, 그리고 한국과 중국의 다방면의 이해와 증진을 돕기 위해 한·중 문화 교류는 해결해야 할 많은 과제를 안고 있다.

첫째, 문화 교류에서 인적 교류는 매우 중요하다. 양국을 오가는 상대방에 대한 관심과 배려가 교류를 순조롭게 하는 지름길이다. 관광 교류의 문제점에서 봤듯이 한·중 국민은 관광 이후 상대국에 대한 실망을 더 많이 느꼈다. 유학생 교류나 경제인 교류에서도 그런 불만이 제기되었다. 한·중 양국은 여행 상품 개발이나, 유학생 선발, 자국 기업의 상대국 직원에 대한 태도를 깊이 반성하고 관광 상품의 질, 유학생 선발의 엄정성, 상대국 직원에 대한 인간적 대우를 고민해야 한다. 특히 유학생은 양국 관계를 유리하게 만드는 미래의 초석이며 중요한 인적 자원이다.[119] 양국 교육부는 각 대학이 유학생을 받아들일 때 엄격한 교육 평가 체계를 통해 유학생 모집, 교육, 생활 등을 관리하도록 감독해야 한다. 상대국에서 유학할 수 있는 기본적인 조건은 상대국의 언어를 완벽하게 하는 것이다. 이에 대한 준비도 안 된 학생들을 유학생으로 무조건 입학시킨다면 두 나라에도 또 해당 학생에게도 그 학생과 공부하는 다른 학생들에게도 피해가 갈 것이다. 정부, 대학과 사회 각계각층이 유학생에게 적극적인 관심을 가지고 우수한 인적 자원을 흡수할 필요가 있다. 또한 이들에 대한 양질의 교육을 통해 유학생들이 졸업한 이후 유학한 국가에 대한 호감과 유학생 자신의 경쟁력을 높일 수 있도록 방안을 마련해야 할 것이다.

둘째, 문화 교류에 있어 민족주의가 상대방을 자극하는 사례들을

119_한국으로 유학 온 중국 학생들이 한국을 더 좋아하게 된 것이 아니라 오히려 좋지 않은 감정을 갖게 되었다는 연구 결과가 있다. 한국에서 유학한 중국 학생들은 중국에서 공부한 중국 학생들보다 '반한 감정'이 더욱 강렬하게 나타나기도 한다(서형 2010).

많이 보았다.[120] 한·중 양국은 모두 강한 민족주의 감정을 가지고 있다. 역사 분쟁, 영토 분쟁, 올림픽 사건 등이 모두 민족주의 정서에 의해 야기되었다고 할 수 있다.[121] 서로의 입장과 인식의 차이가 구체적 사안에서 부딪혔을 때 민족주의는 이를 해결하는 방안이 아니라 오히려 갈등을 증폭시키는 역할을 한다. 한·중 양국은 자신들의 민족주의, 애국주의 정서에 대해 자성할 필요가 있고, 본연의 민족주의 정서를 잘 내화시켜 배타적 민족주의를 극복하고 민족주의가 한·중 교류에 미치는 부작용을 감소시켜야 한다. 중국에는 '구동존이'(求同存異)라는 말이 있는데 상대가 가진 입장과 가치관의 차이를 인정하면서 상생의 길을 찾는 것이다. 한·중 문화 교류에 있어 민족주의 문제는 구동존이의 지혜가 절실하다.

셋째, 한·중 언론 교류와 더불어 학술 교류가 빈번하게 진행되고 있다는 것은 앞에서도 밝힌 바 있다. 한·중 간 인식의 차이가 존재한다는 것은 피할 수 없는 사실이다. 이러한 차이가 프레임에 갇히지 않도

120_2008년 베이징 올림픽 성화가 한국에 도착했을 때 성화를 맞은 중국 유학생들과 중국 인권에 항의하는 한국 행인 사이에 몸싸움이 일어났고, 이 과정에서 한국 경찰이 부상을 당하기도 했다. 한국인 시위자를 구타한 중국 유학생이 한국 경찰에 의해 집시법으로 구속되었다. 이에 대해 중국인들이 거세게 항의했는데 이 또한 한·중 양국의 민족주의 감정의 발로라고 볼 수 있다.

121_재한국 중국인은 중국의 주권 및 영토와 관련된 문제에서 매우 민감한데, 한국인들은 이런 문제에 대한 중국인들의 입장을 잘 이해하지 못한다. 티베트와 타이완 문제에서 많은 한국인들은 서구 관점의 영향을 받아 티베트와 타이완의 독립을 지지한다. "한국인들이 타이완과 중국이 한 국가가 아니며 중국이 왜 티베트 문제에 관여하느냐고 물을 때 어떻게 느끼느냐"는 질문에 중국 유학생의 52.72%가 "매우 화가 난다"고 답했다 (최지영 2011, 223).

록 하는 방법 중 하나는 학술 교류를 통해 소통 메커니즘을 제도화하는 것이다. 예를 들어, 한국과 중국은 서로 다른 정치적 제도를 가지고 있는데, 이에 대한 이해를 학술적 교류를 통해 풀 수 있다. 상대방의 역사와 제도를 인정하고 학술적으로 연구하고 그것을 바탕으로 소통해야만 서로를 이해할 수 있다. 빈번하게 이루어지는 학술 교류가 좀 더 생산적이고 유의미한 결과를 갖기 위해서는 그것을 대중과 공유하는 것도 필요하다(김도희 2008). 한·중 문화 교류에서 출판물은 많은 사람들의 이해를 도울 수 있다. 언론의 역할 또한 매우 중요하다. 언론 매체는 상대국의 상황을 공정하고 객관적으로 보도함으로써 상호 이해의 기반을 제공해야 한다. 중국에 대한 이해 부족은 주로 한국 언론의 중국 보도에 대한 문제에서 야기된다. 한국은 언론사 내 중국 전문 인력의 부족과 더불어 서구 주류 언론의 보도에 휩쓸리는 경향이 있다. 한국에서 중국 관련 외신 보도를 그냥 내보내는 경우, 중국 기자들은 중국에서 일어난 사건에 대해 한국이 왜 미국 연합통신이나 로이터 통신의 보도를 내보내는지 의아해 한다(李揆宇·干玉蘭 2007; 유상철 2007, 60-61). 중국도 문제가 있는데, 그들이 기사 교환 협정을 맺고 있는 한국 신문들은 주로 보수 언론을 대표한다. 중국 언론도 한국의 다각적인 소식을 전하기 위해서는 좀 더 다양한 시각을 담은 매체와 협력해야 할 것이다.

넷째, 문화 예술 교류가 좀 더 활발하게 진행되기 위해서는 다양한 세대를 아우르고 장기적으로 환영 받을 수 있는 콘텐츠를 담아내야 한다. 한국 문화 상품의 경우, 중국에 수출되는 것은 10대 취향의 댄스 음악과 트렌디 드라마나 흥행을 위주로 한 상업 영화, 혹은 자본주의 사회에서의 소비문화를 전형적으로 보여 주는 영상물들이다. 중국에 혐한류가 불면서 한국 문화가 저급하고 일시적이라는 비난을 받는 이유가 충분히 있다. 중국이 한국을 오해하게 만든 책임이 한국에도 있는 것이다. 따라서 중국인과 중국 사회에 한국을 제대로 알리고 공감을 얻을 수 있는 문화 예술 상품이 필요하다. 또한 중국의 젊은이들에게 한국의 어느 한 일면만을 보여 주는 것이 아니라, 양국 젊은이들이 소통할 수 있는 문화 교류 기획을 해야 한다. 젊은이는 한·중 합작의 미래를 결정할 인적 자원이며 동아시아 지역 협력의 일꾼이 될 동량이다. 청소년들을 위한 문화 투어 상품이나 교육 프로그램 같은 것을 공동으로 개발해 한·중 젊은이들 간의 건전한 교류를 만들어 내는 것이 시급하다(이민자 2006, 96-97).

다섯째, 한·중 문화 교류가 좀 더 균형적으로 이루어져야 한다. 한·중 문화 교류는 여전히 불균형하게 전개되고 있고 부분적인 교류라는 한계를 가지고 있다. 중국에 유입되는 한국 문화 상품은 드라마, 오락 프로그램, 영화, 음악 등 수와 종류에 있어서 다양하다. 그러나 한국에 전해지는 중국 문화 상품은 종류도 한정되어 있고 그 양도 적다(朴光海 2007; 詹德斌 2007). 중국의 문화 상품이 한국인들에게 흡인력을 가지지 않기 때문이라고 말할 수도 있지만 한국에 수입되는 중국의 문화 상품도 주로 고대 역사물이나 무협물에 한정되어 있다(李雙龍 2003). 중국 혁명에 관한 작품이나 자본주의 도입 이후 중국 사회가 안고 있는 문제를 담은 문화 상품들이 간혹 들어오지만 대중의 외면을 받고 있는데, 작품성을 가진 중국 영상물에 대한 제대로 된 소개와 광고가 없어서다. 현재 중국의 현실을 제대로 알려주는 문화 상품이 들어와야 중국에 대한 정확한 이미지를 가질 수 있다. 그동안의 한·중 문화 교류는 일방적인 측면이 존재했고 상품으로서 가치가 있는 문화만을 교류해 왔다. 서로의 과거와 현재를 제대로 이해하기 위해서는 균형적이고 전면적인 교류가 진행되어야 한다.

여섯째, 한·중 문화 교류의 발전을 위해서는 정부의 정책적 지원이 필요하다. 한·중 문화 교류의 방향과 중점 교류 분야에 대한 기획이 이루어지고 중장기적인 지원이 뒷받침되어야 한다. 최근 한·중 문화 교류 행사를 보면 정부가 진행하는 것은 일회적이고 전시적이며 민간의 행사가 오히려 일정한 목표 아래 지속적으로 이루어지고 있는 형편이다. 그러나 민간이 모든 한·중 문화 교류를 책임지기에는 역부족이며 한계가 있다. 정부의 지원이 뚜렷한 방향과 목적을 가지고 이루어진다면 민간의 문화 교류는 더 활성화되고 유의미한 결과를 얻을 수있을 것이다. 인적 교류의 경우에도 단기간만 상대 국가에 머무는 것이 아니라 좀 더 장기적인 체류가 되려면 문화 교류 기금이 조성되어야 한다. 한·중 청소년 교류도 소수에게만 혜택이 가고 단기간에 머무는데, 양국의 미래를 짊어질 청소년들의 상호 교류가 무엇보다도 중요하다고 봤을 때 특히 청소년들이 상대국의 문화를 체험하고 탐방하는 프로그램 개발과 더불어 정부의 지원이 요구된다. 문화 교류를 통해 정제된 서로의 문화 상품을 교환하는 것은 어떤 외교적 교류 못지않은 효과를 낼 수 있다. 문화 교류에 대한 정부 지원은 이런 이유에서도 활성화되어야 한다.

일곱째, 국가 이기주의에서 벗어난 문화 교류가 필요하다. 그러기 위해서는 문화 상품을 통해 당사국의 우수성을 알리겠다는 자민족 중심주의나 국익만을 챙기겠다는 국가 이기주의를 강하게 드러내서는 안 된다. 한·중 문화 교류가 자국의 이익이나 목표 없이 진행되기는 어려울 것이다. 그러나 단순히 경제적 동기와 민족주의적 욕망으로만 결합된다면 진정한 소통과 이해는 이루어지기 어렵다. 한·중 양국이 양자 간 국가이익을 넘어 보편적 국제사회의 이익에 기여하고 있다는 이미지를 축적할 필요가 있다. 끌림이 있는 국가가 되기 위해서는 공공재의 성격을 지닌 다양한 문화 교류를 해야 한다. 한국과 중국은 아시아라는 지정학적 여건에서 동아시아 문화 공동체를 꿈꾸며 상호 교류할 수 있는 충분한 역량과 토대를 지니고 있다.[122] 한·중 양국의 평화적이고 바람직한 관계만이 아니라 아시아의 운명을 위해 한·중 문화교류는 상대방을 이해한다는 겸허한 태도로 서로에게 발전의 기회와 긍정적 영향을 가져다주는 교류가 되어야 할 것이다.

문화 교류란 사람이 왕래하고 문화 상품을 주고받는 것이라는 생각에서 일보 전진해 문화 담론의 소통과 문화 생산 문제를 함께 고민하는 것도 하나의 과제다. 서구가 주도하는 문화적 흐름을 경쟁적으로 따라갈 것이 아니라 상업화되는 문화 교류를 자성하고 생산적인 학술 교류, 서로를 진지하게 성찰할 수 있는 출판 생산물의 교류, 한·중이라는 국경을 넘어 새로운 시대와 사회를 만드는 안목을 키우기 위해 소통·토론하는 문화 교류를 기획해야 한다. 문화 경쟁에서 서로 우위에 서려는 자국 중심주의가 아니라, 교류를 통해 서로의 문명을 배우고 상대를 이해하고자 하는 공존의 태도가 요구된다.

122_한국은 미국 혹은 동아시아의 긴밀한 관계 속에서 중국과 만날 수밖에 없는 국제정치적 역학 속에 있다. 중국 역시 세계사의 무대에 다시 등장하는 과정에서 미국과의 관계 속에서 한국을 대면할 수밖에 없다.

2. 한·중 문화 교류의 전망: 동아시아로

미래 지향적인 한·중 문화 교류는 세계화의 흐름 속에서 동아시아적 정체성을 어떻게 만들 것인가 라는 거시적 과제에 관심을 기울이는 것에서 시작될 수 있다. 제한적이긴 하지만 동아시아에서 한류, 일류, 중국풍이 서로 경쟁하고 혼합되는 과정에서 동아시아 문화권이 형성되어 상호 복제하고 상호 검증하는 과정을 겪어 왔다. 동아시아 각국이 서구 문화 모델만을 받아들이던 문화적 습관에서 벗어나 서로 모델이 되고 서로 참조하는 추세가 진행된 것이다. 동아시아 문화가 국경의 한계를 초월해서 융합되고 동아시아 미래의 문화 지역권을 형성한다면 동아시아 문화 모델은 더욱 풍부하고 다채로우며 상호 융합을 위한 중요한 계기를 제공하게 될 것이다.[123] 물론 미국이 주도한 자본의 전 지구화와 지역화에 대응할 새로운 지역적 동력을 만들어 가는 것이 중요하다고 봤을 때, 한·중 문화 교류가 동아시아 지역에서 이러한 역할을 할 수 있을까에 의문을 제기할 수 있다. 동아시아는 하나의 새로운 상상적 공간일 수 있으며 국가의 지리적 경계를 넘어서서 구성된 범주이다. 동아시아 지역은 혈연, 지연, 문화, 언어, 역사 경험 등에서 공동된 특징을 가졌다고 이야기된다. 특히 유교 사상을 중심으로 한 정치 체제, 중농경상의 농업 문명, 한자와 인쇄 문명 등을 공유하고 있고 중

123_이희옥은 민족 특수성과 보편성이 서로 대화하는 공간을 만들어 내는 동시에 민족-국가 모델을 벗어날 필요가 있고 적극적으로 지역을 단위로 한 '문화적 공동체'를 토론해야 한다고 주장한다. 이는 '민족주의적 민주화'를 실현해 횡적인 연합을 통한 소통 제도를 만들어야 함을 의미한다(이희옥 2010, 50-55).

화 제국을 중심으로 한 조공 무역을 특징으로 하는 동아시아 세계 체제라는 역사적 사실은 공통점을 더욱 두드러지게 한다. 물론 동아시아 문화 공동의 이질성에 주목해야 한다는 주장과 동아시아가 너무나 달라 서로 소통할 수 없다는 부정적 견해도 있다.[124] 문화적 지역주의의 가능성과 조건을 따져 가는 과정을 통해 확인해 봐야 하겠지만 지역의 문화가 하나의 문화적 동질성으로 이루어졌다고 보는 시각이 오히려 걸림돌이 될 수 있으며 서로 상이한 문화가 공존한다는 점에 동의해야 한다.

한·중 문화 교류가 동아시아적 문화 공동체 형성을 위한 좋은 계기이며 한류는 그런 점에서 아시아적 문화 사건이고 지역공동체 마련을 위한 절호의 기회라는 의견에 귀 기울여 볼 필요가 있다. 동아시아 국가들끼리 다양한 문화 교류를 촉진시키면서 문화 콘텐츠를 공동 개발하거나 제휴할 것을 제안하는 사람들도 있다. 실제로 동아시아 국가 모두는 아니더라도 동북아 또는 동아시아 몇 개국이 참여하는 문화 교류 프로그램들이 존재한다.[125] 동북아 지역의 경우, 한·중·일 문화산

124_이욱연은 동아시아 공동체에 관한 문화 담론을 고찰하면서 공동의 정체성과 인식을 확보하려는 노력과 함께 동아시아 내부의 문화적 이질성과 그 이질성의 역사성을 검토해야 함을 역설했다(이욱연 2007a, 12). 이와 관련해 신현준은 동아시아 문화 공동체의 소통 불가능성을 지적하면서 동아시아 삼국 사이의 문화적 교류를 위해서는 서양화를 통한 잡종화를 각자 어떻게 이루었는가의 문제부터 짚어 볼 필요가 있다고 제안했다(이욱연 2007a에서 재인용).

125_동아시아평화논단, 동아시아국제대학, 동아시아지식인논단, 동아시아작가회의, 동아시아시민연합회와 기금회, 동아시아문화연합회, 동아시아청소년논단, 동아시아체육논단, 동아시아지역연구논단 등 수많은 동아시아 문화 교류 기관과 모임들이 있다.

업포럼이 삼국을 오가며 열리고 있고, 세 나라의 문화산업 교류 협력 발전이라는 의제로 삼국 문화산업의 실질적인 협력에 관한 방법과 구체적인 내용에 대한 토론이 진행되고 있다. 2007년에는 제1회 한·중·일 문화부장관 회의가 장쑤 성 난퉁(南通)에서 개최되어 난퉁 선언을 발표한 바 있다.[126] 2009년에는 제5회 한·중·일 문화 교류 포럼이 '미래를 향한 한·중·일 문화 교류'라는 주제로 양저우에서 개최되었다. 동북아시아에 있는 삼국의 문화 교류가 상당히 활발하게 전개되고 있는 셈이다. 근래에는 한·중·일 삼국이 합작 제작한 드라마와 영화도 점점 늘고 있다. 단순한 자본 투자뿐만 아니라 시나리오 선택에서 제작자, 배우, 영화관 선택, 나아가 영화제작 및 배급에 이르기까지 모든 과정에서 합작을 진행하고 있다. 동아시아 지역의 문화적 공통성을 확보하고 그 근원을 탐구하며 삼국의 문화적 뿌리를 찾고 문화 향유의 공통된 인식을 형성하는 것은 매우 중요하다. 동아시아 티브이 채널, 동북아 문화합작기구(Northeast Asia Cultural cooperation Organization, NACO)의 설립을 통해 삼국 문화의 소통과 통합을 주장하는 목소리에도 귀 기울여 볼 만하다. 이를 통해 동아시아 문화 공동체를 형성해 문화 이질감을 극복하고 문화 공동체를 기반으로 한 평화 안정과 번영을 기대할 수 있을 것이다. 문화 교류를 통해 동아시아 국민의 상호 이해

126_2007년 9월 "동북아 문화 협력 강화를 위한 제1회 한·중·일 문화 장관 회의"가 열렸다. 세 나라의 문화 교류 활성화와 실질적 협력 증대를 위한 초석을 놓을 것이라 기대되었던 회의였다.
http://www.mct.go.kr/web/notifyCourt/press/mctPressView.jsp?pMenuCD=0302000000&pSeq=8893(검색일: 2007/12/03).

와 신뢰를 강화시키고 상호 소통을 증대시켜 동아시아 국가 간 우호 협력의 견실한 초석을 만들 수 있기 때문이다. 동아시아가 공동으로 문화 상품을 개발해 문화 공동체와 시민 의식을 제고하는 동시에 세계가 동아시아 문화를 체험하도록 하는 것이 가능하다.

결국 중요한 것은, 문화 교류에서 상대 문화에 대한 문화 패권주의적 발상을 버리고 서로의 문화를 매개로 국가의 범위를 넘어 동아시아에서 공존을 모색하는 지혜를 발휘하는 것이다. 그러기 위해서는 자국 중심주의를 벗어나 동아시아 대중문화와 소통하면서 자국 문화를 타국에 전하려는 자세가 필요하다. 이는 문화 교류의 쌍방향적 특성을 인지하고 기존의 국가·성별·인종·세대 등의 경계를 넘어 상호 소통의 희망을 가져야 가능할 것이다.[127]

한국과 중국은 유사한 역사적 경험을 가지고 있고 가장 가까운 이웃이지만 문화 교류의 과정에서 여러 가지 갈등이 나타나고 있다. 동아시아 각국도 상이한 정치체제, 식민지의 역사 경험, 인종적 이질성 등으로 다양한 형태의 상호 갈등이 존재한다. 문화 교류가 한·중 간 갈등을 야기했을 수도 있지만 이것을 치유하는 것도 결국은 문화 교류다. 문화는 각국이 스스로를 표현하며 남과 소통하려는 중요한 매개수단이기 때문이다. 동아시아에서의 상호 이해와 공존을 위해서도 각국의 문화 교류는 활발하게 진행되어야 하며 이를 통해 각국이 가진

127_한류 중심의 한·중 문화 교류를 전지구적·초국가적으로 접근하기 위해서는 초국가 (trans-nation), 탈영토(deterritory), 탈경계(trans-border) 등의 문제의식 필요하다. 이에 대한 조한혜정과 강내희 등의 논의는 임춘성(2008, 4-5) 참조.

문화의 특수성을 넘어서서, 문화적 차이를 해소해 연대할 수 있다. 동아시아에 위치한 국가들이 서로의 문화 교류를 통해 동일한 지역에 위치해 있음으로 해서 부딪치는 문제들을 함께 고민할 수 있다는 얘기다. 예를 들어, 황사와 같은 환경문제는 아시아 지역 공통의 문제인데, 지역에서 발생하는 문제를 협력을 통해 효과적으로 대처하기 위해서는 문화 교류를 통한 인식의 공유가 선행되어야 한다(이우영 외 2006, 27). 결국 문화 교류는 동아시아 지역에서의 민간 교류 및 협력 강화를 위한 지역 협력의 토대가 될 수 있다. 문화를 통한 새로운 동아시아 지역주의의 가능성을 탐색할 수 있는 것이다. 동아시아적 정체성, 동아시아다움 찾아가기는 분명 일정한 의미를 지닌다. 경제와 경쟁 논리만이 관철되는 세계화 시대에 각국의 문화적 다양성과 정체성을 공유하면서 지역 문화를 만들어 가는 것은 식민지 시대에 자국 문화의 배제와 침탈을 겪어 온 동아시아 지역 사람들에게는 이를 치유하는 방안이 될 수 있다. 또한 상처를 벗어나 동아시아 각국의 문화를 경험하면서 새로운 문화를 만들어 내는 길이기도 하다.

한·중 문화 교류가 한국과 중국을 넘어서서 동아시아 문화 교류를 다지는 징검다리 역할을 함으로써 동아시아의 현실과 미래에 대안적인 지식을 생산해 낼 수 있다. 문화 교류가 관념을 벗어나 실천 속에서 의미 있는 문화 운동이 될 때, 신자유주의의 일방적 문화 흐름을 저지하고 비판할 때, 동아시아 지역 문화의 자주성과 다양성을 위한 매개로 작용할 때, 한·중 문화 교류는 지역적 한계를 넘어서서 자유롭게 비상하는 진정한 교류의 진수를 보여 주게 될 것이다.

참고문헌

1. 국문

강보유. 2007. "세계 속의 한류: 중국에서의 한류와 한국어 교육 그리고 한국 문화
　　　전파."『한국언어문화학』제4권 제1호.

강유정 외. 2006. "욘사마에서 문화정치까지."『한류와 21세기 문화비전』(청동거울
　　　문화콘텐츠 총서 04). 청동거울.

고정식. 2010. "한국의 중국 경제에 대한 인식 변화 분석."『한중 사회과학연구』
　　　제8권 제2호.

권태환. 2005.『중국조선족사회의 변화』. 서울대출판부.

김강일. 2000. "중국조선족사회 지휘론."『아시아태평양지역연구』3권 1호.

_____. 2001. "한민족 공동체 형성을 위한 중국조선족의 역할."『지방행정연구』
　　　15권 1호.

김도희. 2008. "한중 문화 교류의 현황과 사회적 영향."『현대중국학회』제9권 2호.

김병호·강기주. 2001. "중국의 소수민족정책과 중국 조선족사회의 정치의식 및
　　　민족의식." 김강일 외.『중국조선족 사회의 문화우세와 발전전략』.
　　　연변인민출판사.

김한규. 2003.『요동사』. 문학과 지성사.

김현미. 2005.『글로벌 시대의 문화번역』. 또하나의 문화.

김홍규. 2011. "한중 관계 평가와 한국의 전략."『한국국제정치학회 학술회의
　　　발표자료집』.

김희교. 2004. "한류와 만들어 가는 한중 관계. 2000년 그리고 10년." 장수현 외.
　　　『한류, 중국은 왜 한류를 수용하나』. 학고방.

남종호 외. 2010.『한중 양국 간 문화마찰 해소를 위한 소통 모델
　　　연구』(경제·인문사회연구회 대중국 종합연구 협동연구 총서 10-03-32).

문상명. 2004. "재중국 한국 유학생의 생활공간 연구." 성신여자대학교 대학원
　　　석사논문.

문홍호. 2011.『재한 중국유학생 취업실태 조사 및 관리시스템

구축』(경제인문사회연구회 대중국 종합연구 협동연구 총서 11-03-33).

민귀식·잔더빈. 2013. 『한중 관계와 문화 교류-양국 장기체류자의 문화 갈등과
   적응』(성균중국연구소 한국-아시아 문화 교류사 3). 이매진.

박광성. 2003. "한국에 온 조선족 노동자 집단의 사회적응 연구." 서울대
   박사학위논문.

박기륜. 2006. "외국인 노동자 밀집지역의 문제점 및 대책." 『한국민간경비학회보』
   제8호.

박기수. 2005. "한류의 지속 방안을 위한 인문학적 성찰." 『인문콘텐츠』 제6호.

박상준·변지연·현단. 2008. "한국과 중국 신문기사에 나타난 한국과 중국의
   국가이미지에 관한 연구." 『한국항공경영학회지』 제6권 제1호.

백원담. 2005. 『동아시아의 문화선택. 한류』. 펜타그램.

서형. 2010. "재한 중국인의 반한감정에 대한 연구." 한국외국어대 석사학위논문.

설동훈. 2008. "국제노동력이동과 외국인노동자의 시민권에 대한 연구 : 한국 독일
   일본의 사례를 중심으로." 『민주주의와 인권』 제7권 2호.

신경진. 2010. "경희대 중국공자학원 국내 19번째로 개원식." 『중앙일보』(04/26).

신윤환. 2006. "동아시아의 한류를 바라보는 눈." 신윤환·이한우 편. 『동아시아의
   한류』. 전예원.

신의길. 1994. "재한 조선족 범죄와 대책연구." 『한국형사정책연구원』.

오수경. 2002. "세계화 시대의 한중 문화 교류." 『문화 예술』 10월호.

유명기. 2002. "민족과 국민 사이에서: 한국체류 조선족들의 정체성 인식에 관하여."
   『한국 문화인류학』 제35집 1호.

유상철. 2007. "중국의 언론매체." 『CHINDIA Plus』 7권.

윤경우 외. 2010. 『중국 한류의 성과 평가와 지속적 확산을 위한 종합적
   정책방안』(경제·인문사회연구회 대중국 종합연구 협동연구 총서 10-03-33).

이규태 외. 2010. 『한국의 중국학과 중국의 한국학: 연구추세의
   비교분석』(경제·인문사회연구회 대중국 종합연구 협동연구 총서 10-03-43).

이만. 2009. "중국내 '반한류' 및 '반한감정'의 형성에 대한 고찰 : 중국 언론의 보도와
   네티즌 반응을 중심으로." 경희대 석사 논문.

이민자. 2006. "청소년들을 파고드는 한류의 마력: 중국의 한류." 신윤환·이한우 편.
   『동아시아의 한류』. 전예원.

이우영 외. 2006. 『동북아 문화공동체 형성을 위한 국가의 역할 : 거버넌스의
   관점에서』. 경제인문사회연구회.

이욱연. 2004. "두 개의 한류와 한중 문화 교류." 『철학과 현실』 가을호.

_____. 2007a. "동아시아 공동체 문화담론에 대한 비판적 고찰."『동아연구』52권.

_____. 2007b. "한중 관계의 미래를 위한 동아시아 정체성."『제1차 한중미래대화 논문집』(9월 17~18일).

이은숙. 2002. "중국에서의 '한류' 열풍 고찰."『문학과 영상』제3권 2호.

이종민. 2003. "개혁 개방 이후 한국을 바라보는 중국의 눈 읽기."『중국학 논총』 제15집.

이준웅. 2006. "중국의 한류를 통한 한국인에 대한 인식과 감정의 형성." 장수현 외. 『중국의 한류, 어떻게 이해할 것인가』. 학고방.

이준태. 2001. "한중문화 교류의 회고와 전망-수교 후의 분야별 교류 사례를 중심으로."『동양학 연구』제7집.

이희옥. 2009. "한국에서의 중국 부상의 성격: 시각과 실제."『한국과 국제정치』25권 4호.

_____. 2010. "중국과 동아시아 2010년: 중국과 한반도."『동아시아 브리프』5권 1호.

임춘성. 2008. "중국 대중문화의 한국적 수용에 관한 초국가적 연구."『중국학보』 57권.

_____. 2009. "한중 문화의 소통과 횡단에 관한 일 고찰 : 중국의 한국문학 번역. 출판의 예."『외국문학연구』제33호.

장수현 외. 2004.『한류, 중국은 왜 한류를 수용하나』. 학고방.

전성홍. 2010. "한국과 중국의 사회문화 분야 교류."『신아세아』제17권 2호.

전우용. 2003. "한국 근대의 화교 문제."『 한국사학보』제15호.

전형권. 2006. "모국의 신화, 노동력의 이동, 그리고 이탈 : 조선족의 경험에 대한 디아스포라적 해석."『한국동북아논총』제38집.

정상화. 2010. "중국 조선족의 정체성 형성 및 구조." 정상화 외.『중국 조선족의 중간 집단적 성격과 한중 관계』. 백산자료원.

정여울. 2007. "해석을 넘어 창조와 횡단을 꿈꾸다 : 한국문학의 번역, 그 현재와 미래."『창작과 비평』138호.

정재호. 2011.『중국부상과 한반도의 미래』. 서울대학출판문화원.

조한혜정. 2003.『한류와 아시아의 대중문화』. 연세대학교출판부.

주봉호. 2006. "중국 조선족사회의 변화와 과제."『한국동북아논총』41집.

주성일. 2010.『공자학원을 통한 중국의 소프트파워 증진정책연구』(경제·인문사회연구회 대중국 종합연구 협동연구 총서 10-03-36).

차이바오칭. 2004. "중국 시청자의 한국드라마 시청 행태와 매체 효과에 관한 연구: '한류'현상에 대한 이용과 충족 이론적 접근." 서울대 석사학위 논문.

최승현. 2005. "근대 중국인의 한국관 변화과정 연구."『중국인문과학』제30집.

최우길. 2005.『중국조선족 연구』. 선문대학교 출판부.

최지영. 2011. "재한 중국 유학생의 한국에 대한 의식과 민족주의 성향 연구." 『국제정치논총』제51집 1호.

최혜실. 2010.『한류 문화와 동북아 공동체』. 집문당.

하종원·양은경. 2002. "동아시아 텔레비전의 지역화와 한류."『방송연구』제21권 제2호.

한국고대사학회·동북아역사재단·임기환. 2013.『중국의 동북 공정과 한국 고대사』. 주류성.

한상준. 2000. "가리봉동 : 서울도시의 '연변촌'."『동아일보』(04/21).

한홍석. 2004. "중국 대중문화 시장의 형성과 외국 대중문화의 수용: 한류 발생의 시대적 배경을 중심으로." 장수현 외.『한류, 중국은 왜 한류를 수용하나』. 학고방.

후평. 2007. "한중일 민간 교류의 특징과 역할."『한중 교류협력의 역사와 미래전망 심포지엄 자료』. 동북아역사재단.

"우리의 국외 노동력 이용정책에 대한 반성."『중앙일보』(2001/10/22).

"한류의 경제적 효과 분석."『조선일보』(2005/03/15).

" '중국은 선택 아닌 필수', 관련 학과 30년 새 12배로."『중앙일보』(2009/09/28).

2. 중문

董向榮·王曉玲·李永春. 2011.『韓國人心目中的中國形象』. 北京: 社會科學文献出版社.

王鐵崖編. 1957.『中外舊約章汇編(1)』. 三聯書店.

王曉玲. 2009.『中國人心目中的韓國形象』. 北京: 中央民族出版社.

林明德. 1984.『袁世凱與朝鮮』. 中央研究院近代史研究所.

張連鋒. 2009.『論中韓文化交流的發展』. 山東師範大學博士學位論文.

詹小洪. 2006.『韓流漢風中國VS韓國: 落後10年』. 北京: 社會科學文獻出版社.

沈定昌·劉大軍 主編. 2008.『朝鮮半島相關文獻目錄(1992-2005)』. 遼寧民出版社.

何培忠 主編. 2006.『當代國外中國學研究: 韓國的中國研究機構』. 上海: 商務印書館.

江登雲. 1999. "東南三國記." 朴現圭 編. 『19世紀在中國看到的韓國資料』.
　　　　亞洲文化史.

姜栽植. 2010. "中韓教育服務貿易的現狀及對策建議." 『延邊党校學報』 第6期.

高飛. 2012. "東亞地區合作机制構建中的歷史文化因素." 한국정치학회 주관. 『한중
　　　　수교 20주년 기념 국제학술회의 논문집』(7월 26일).

桂青山. 2002. "'韓流'現象的文化審視." 『電影藝術』 第6期.

金秉運. 2008. "韓流熱潮與中國大學的韓國語教育." 『黑龍江民族叢刊』 第4期.

羅媛媛・陳久國. 2006. "'韓流'熱對發展我國文化産業的啓示." 『學習與實踐』 第5期.

留佚陽・王樂鵬. 2008. "教育服務貿易視野下韓國來華留學生教育初探."
　　　　『甘肅聯合大學學報(社會科學版)』 第7期.

朴光星. 2010. "赴韓朝鮮族勞工群體的國家'民族'族群認同."
　　　　『雲南民族大學學報(哲學社會科學版)』 3期.

朴光海. 2009. "論韓中文化交流的發展." 山東師範大學碩士學位論文.

_____. 2007. "中韓文化交流的現狀及問題." 『當代亞太』 第7期.

朴今海・鄭小新. 2009. "延邊地區朝鮮族留守兒童的教育與監護問題."
　　　　『延邊大學學報(社會科學版)』 2月.

徐東日. 2009. "朝鮮朝燕行使臣筆下的紫禁城形象." 『吉林大學社会科學學報』 第49卷
　　　　第6期.

徐文吉. 2008. "中韓關係的回顧與中國的韓國學研究." 『東北亞研究』 第2期.

徐玉蘭. 2010. "韓國媒体中的中國國家形象：以《朝鮮日報》爲例." 『國際新聞界』
　　　　11月.

石源華. 2008. "中韓民間文化衝突的評估." 『當代韓國』 夏季號.

嚴明. 2006. "中・韓文化交流中的借借監與與創新." 『學習與探索』 第4期.

汝信. 2006. "關於中韓文化交流." 『當代韓國』 第1期.

_____. 2007. "中韓關係-簡略回顧與展望." 『當代韓國』 第3期.

王宣敬. 2002. "'韓流'與'華風'." 『當代韓國』 第4期.

王生. 2010. "試析當代韓國民族主義." 『現代國際關係』 第2期.

牛林傑. 2007. "中韓建交以來兩國文化教育交流綜述." 『東北亞論壇』 第5期.

袁小琨. 2007. "推動中韓兩國交流的文化因素." 『武漢理工大學學報(社会科學版)』
　　　　第3期.

魏源. 1999. "征扰朝鮮記." 朴現圭 編. 『19世紀在中國看到的韓國資料』. 亞洲文化史.

李國强. 2004. "'東北工程'與中国東北史的研究." 『中国邊疆史地研究』 12月.

李敦球. 2007. "中韓交流年：'漢風' '韓流'共築友誼." 『中国網』 4月10日.

李盛龍. 2011. "'韓流'退潮現象原因解析." 『新聞界』第4期.

李玉子. 2010. "延邊朝鮮族女性外流引起的婚姻法律問題研究."
『云南民族大學學報(哲學社会科學版)』5月.

李雙龍. 2003. "中韓相互形象形成的背景分析-'韓流'和'漢潮'現象給我們的啓示."
『韓國研究論叢』第十輯.

李拯宇·干玉蘭. 2007. "中韓交流年 : 韓国興起'中國熱'." 『新華網』4月9日.

李充陽·趙莉. 2001. "韓國文化在中國. 中國文化在韓國 :
爲深化韓中文化研究所作的提案." 『當代韓國』第4期.

李花子. 2007. "朝鮮王朝的 長白山認識." 『中国邊疆史地研究』6月.

李輝. 2007. "吉林延邊朝鮮族人口安全問題研究." 『東北亞論壇』3月.

鄭貞淑. 2005. "'韓流'的影響與展望." 『當代韓國』第3期.

趙洪君. 2005. "出國勞務對延邊居民儲蓄存款的影響研究."
『長春金融高等專科學校學報』第1期.

周方銀. 2011. "朝貢休制的均衡分析." 『國際政治科學』1月.

陳樹棠的訴訟. "辦理生盛號被窃永來盛號被盜兩岸卷."
『淸季駐朝鮮使館檔』(1884年4月-1884年5月).

蔡美花. 2008. "東亞韓國學方法之探索." 『東疆學刊』第25卷 第4期.

詹德斌. 2007. "韓國對中國的'認識赤字'." 『新華網』4月4日.

詹小洪. 2007. "'韓流'文化盛行于中國及其原因." 『文化研究』春季號.

沈定昌. 2004. "中韓文化交流的快速升溫及其原因." 『當代韓國』第1期.

"靑島逃逸韓資企業欠工資1,6億欠銀行." 『經濟參考報』. 2008年3月24日.

『每周韓國』. 2007年 第29期.

3. 관련 사이트

- 고등교육재단 홈페이지, www.kfas.or.kr.
- 공연예술국제교류활동현황(2009년 기준) 문화체육관광부 자료.
  http://www.mcst.go.kr/web/dataCourt/reportData/reportView.jsp?pSeq=573.
- 과학기술처/과학기술부. 2010. 『과학기술연감』.
- 법제처 홈페이지, http://www.moleg.go.kr.
- 교육통계서비스, http://cesi.kedi.re.kr.
- 국가한관 홈페이지, http://www.hanban.edu.cn/node_7447.htm.
- 국제교류재단 홈페이지, www.kf.or.kr.

- 문화홍보원 사이트, www.hanguo.net.cn.
- 사단법인) 한중학술문화 교류협회 홈페이지, www.kccea.com.
- 서울공자아카데미 홈페이지, http://www.cis.or.kr.
- 외교통상부 홈페이지, www.mofa.go.kr.
- 주한 중국문화원 홈페이지, http://www.cccseoul.org/main/main.php.
- 중국교육부 홈페이지, http://www.moe.edu.cn/edoas/website18/49/info134
  9.htm.
- 학술진흥재단(현 한국연구재단) 홈페이지, http://www.nrf.re.kr.
- 한국국제교류재단 홈페이지, www.kf.or.kr.
- 한국대학교육협의회, http://www.kcue.or.kr.
- 한국 문화체육관광부, http://www.mcst.go.kr.
- 한국학중앙연구원 한국 문화 교류센터 홈페이지, http://www.ikorea.ac.kr.
- 한중공동위원회홈페이지, http://www.mofat.go.kr/webmodule/htsboard/tem
  plate/read/korboardread.jsp?typeID=6&boardid=235&seqno=308657.
- 한중문화 교류협회 홈페이지, http://www.korchi.org.
- 한중일 문화셔틀 사업 웹사이트, http://www.mofat.go.kr/webmodule/htsboard
  /template/read/korboardread.jsp?typeID=6&boardid=235&seqno=323316.
- 중국 학술논문검색
  '萬方數据庫', http://www.wanfangdata.com.cn.
  中國教育部教育統計, www.moe.edu.cn.

4. 인터뷰

董向榮(둥샹룽), 王曉玲(왕샤오링)과 李永春(리용춘)이 진행한 인터뷰 자료.
팡슈위(方秀玉) 푸단대학 국제문제 연구원 교수와의 인터뷰, 2007년 12월 13일.
유학 경험 학생의 인터뷰 자료.
재중 한국 기업에서 일하는 중국인 인터뷰 자료.
중국 관광 경험 한국인 인터뷰 자료.
한국 관광 경험 중국인 인터뷰 자료.
한국 학생을 지도한 중국 교수 인터뷰 자료.